Můj Otec vám
v mém jménu dá

Dr. Jaerock Lee

*„Amen, amen, pravím vám,
budete-li o něco prosit Otce ve jménu mém, dá vám to.
Až dosud jste o nic neprosili v mém jménu.
Proste a dostanete, aby vaše radost byla plná."*
(Jan 16:23-24)

Můj Otec vám v mém jménu dá Dr. Jaerock Lee
Vydavatelství Urim Books (Zástupce: Sungnam Vin)
73, Yeouidaebang-ro 22-gil, Dongjak-gu, Seoul Korea
www.urimbooks.com

Tato kniha ani žádná její část se bez předchozího písemného povolení vydavatele nesmí žádným způsobem množit, ukládat do vyhledávacího systému nebo jakoukoliv formou či jakýmkoliv způsobem rozšiřovat, ať už elektronicky, mechanicky, fotokopírováním, nahráváním nebo jinak.

Pokud není uvedeno jinak, všechny citace z Písma pocházejí z Bible svaté, ČESKÉHO EKUMENICKÉHO PŘEKLADU, ®, Copyright © 1995 vydaného Českou biblickou společností. Použito s povolením.

Copyright © 2020 Dr. Jaerock Lee
ISBN: 979-11-263-0548-3 03230
Copyright překladu © 2013 Dr. Esther K. Chung. Použito s povolením.

Předtím vydáno v roce 1990 v korejštině vydavatelstvím Urim Books

První vydání Únor 2020

Úpravy: Dr. Geumsun Vin
Vnější úprava: Vydavatelství Urim Books
Tisk: Tiskařství Prione
Více informací získáte na: urimbook@hotmail.com

Úvodní slovo k vydání

*„Amen, amen, pravím vám,
budete-li o něco prosit Otce ve jménu mém, dá vám to"*
(Jan 16:23)

Křesťanství je víra, prostřednictvím které se lidé setkávají s živým Bohem a zakoušejí jeho působení skrze Ježíše Krista.

Protože Bůh je všemohoucí Bůh, který stvořil nebesa a zemi a vládne dějinám vesmíru stejně jako nad životem, smrtí, prokletím a požehnáním člověka, odpovídá na modlitby svých dětí a touží po tom, aby vedly požehnané životy, jak se na Boží děti sluší.

Každý, kdo je skutečným Božím dítětem, si s sebou nese autoritu, ke které je oprávněn jako Boží dítě. Díky této autoritě by měl žít život, ve kterém je všechno možné, nemělo by mu nic scházet a měl by si užívat požehnání, aniž by měl sebemenší důvod chovat vůči druhým nenávist nebo žárlivost. Vede-li život v přetékajícím blahobytu, síle a úspěchu musí vzdát svým životem slávu Bohu.

Aby si člověk užíval takového požehnaného života, musí naplno porozumět zákonu duchovního světa ohledně Božích odpovědí a obdrží všechno, oč Boha požádá ve jménu Ježíše Krista.

Toto dílo je shrnutím slova kázaného v minulosti všem věřícím, obzvláště těm, kteří bez pochybností věří ve všemohoucího Boha a touží vést životy naplněné Božími odpověďmi.

Kéž toto dílo – *Můj Otec vám v mém jménu dá* – slouží jako průvodce, který povede všechny čtenáře k tomu, aby si uvědomili zákon duchovního světa ve vztahu k Božím odpovědím, a umožní jim dostat všechno, oč v modlitbě požádají. Takto se modlím ve jménu Pána Ježíše Krista!

Vzdávám všechny své díky a slávu Bohu za to, že umožnil, aby tato kniha nesoucí jeho vzácné slovo mohla být publikována, a vyjadřuji upřímnou vděčnost všem, kdo na publikaci namáhavě pracovali, za jejich úsilí.

Jaerock Lee

Obsah

Můj Otec vám v mém jménu dá

Úvodní slovo k vydání

Kapitola 1
Způsoby, jak dostávat Boží odpovědi   1

Kapitola 2
Přece ho musíme požádat   13

Kapitola 3
Duchovní zákon ve vztahu k Božím odpovědím   23

Kapitola 4
Zničte hradbu z hříchů   35

Kapitola 5
Sklidíte, co zasejete   47

Kapitola 6
Elijáš dostává Boží odpověď v podobě ohně   61

Kapitola 7
Jak naplnit touhy svého srdce   71

Kapitola 1

Způsoby, jak dostávat Boží odpovědi

Dítky, nemilujme pouhým slovem,
ale opravdovým činem.
V tomto poznáme, že jsme z pravdy,
a tak před ním upokojíme své srdce,
ať nás srdce obviňuje z čehokoliv;
neboť Bůh je větší než naše srdce a zná všecko!
Moji milí, jestliže nás srdce neobviňuje,
máme svobodný přístup k Bohu;
oč bychom ho žádali, dostáváme od něho,
protože zachováváme jeho přikázání a činíme,
co se mu líbí.

1 Janův 3:18-22

Jedním ze zdrojů veliké radosti pro Boží děti je skutečnost, že je všemohoucí Bůh živý, odpovídá na jejich modlitby a ve všech věcech působí pro jejich dobro. Lidé, kteří této skutečnosti věří, se horlivě modlí, aby mohli dostat od Boha cokoliv, oč požádají a vzdát mu z celého svého srdce slávu.

1 Janův 5:14 nám říká: *„Máme v něho pevnou důvěru, že nás slyší, kdykoliv o něco požádáme ve shodě s jeho vůlí."* Tento verš nám připomíná, že když žádáme ve shodě s Boží vůlí, máme právo od něj dostat cokoliv. Bez ohledu na to, jak špatný člověk rodič je, když ho jeho syn poprosí o chléb, nedá mu kámen, a když ho poprosí o rybu, nedá mu hada. Co by tedy mohlo Bohu zabránit v tom, aby dal svým dětem dobré dary, když ho o ně prosí?

Když kananejská žena v Matouši 15:21-28 předstoupila před Ježíše, nejenom, že obdržela odpovědi na své modlitby, ale také naplnila touhy svého srdce. Třebaže její dcera trpěla tím, že byla zle posedlá, žena požádala Ježíše, aby její dceru uzdravil, protože věřila, že všechno je možné těm, kdo věří. Co si myslíte, že Ježíš udělal pro tuto pohanskou ženu, která ho bez ustání žádala o uzdravení své dcery? Jak vidíme v Janovi 16:23: *„V onen den se mě nebudete již na nic ptát. Amen, amen, pravím vám, budete-li o něco prosit Otce ve jménu mém, dá vám to,"* potom, co Ježíš uviděl ženinu víru, okamžitě uznal její prosbu. *„Ženo, tvá víra je veliká; staň se ti tak, jak chceš"* (Matouš 15:28).

Jak úžasná a sladká je Boží odpověď!

Pokud věříme v živého Boha, musíme mu jako jeho děti vzdát slávu tím, že dostaneme všechno, oč ho požádáme. Pomocí pasáže, na které je založena tato kapitola, nyní prozkoumejme způsoby, jakými můžeme dostávat Boží odpovědi.

1. Musíme věřit v Boha, který nám zaslibuje odpovědět

V Bibli nám Bůh zaslíbil, že určitě odpoví na naše modlitby a prosby. Proto pouze, když tento příslib nezpochybňujeme, můžeme horlivě žádat a dostat všechno, oč Boha požádáme.

V Numeri 23:19 čteme: *„Bůh není člověk, aby lhal, ani lidský syn, aby litoval. Zdali řekne, a neučiní, promluví, a nedodrží?"* V Matoušovi 7:7-8 nám Bůh zaslibuje: *„Proste, a bude vám dáno; hledejte a naleznete; tlučte a bude vám otevřeno. Neboť každý, kdo prosí, dostává, a kdo hledá, nalézá, a kdo tluče, tomu bude otevřeno."*

Napříč celou Biblí existuje mnoho zmínek odkazujících na Boží příslib, že nám Bůh odpoví, pokud požádáme ve shodě s jeho vůlí. Následuje několik příkladů:

„Proto vám pravím: ,Věřte, že všecko, oč v modlitbě poprosíte, je vám dáno a budete to mít'" (Marek 11:24).

„Zůstanete-li ve mně a zůstanou-li má slova ve vás, proste, oč chcete, a stane se vám" (Jan 15:7).

„A začkoli budete prosit ve jménu mém, učiním to,

aby byl Otec oslaven v Synu" (Jan 14:13).

„Budete mě volat a chodit ke mně, modlit se ke mně a já vás vyslyším. Budete mě hledat a naleznete mě, když se mne budete dotazovat celým svým srdcem" (Jeremjáš 29:12-13).

„Až mě potom budeš v den soužení volat, já tě ubráním a ty mě budeš oslavovat" (Žalm 50:15).

Takový Boží příslib nalézáme znovu a znovu jak ve Starém, tak i v Novém zákoně. I kdyby zde byl pouze jediný biblický verš ohledně tohoto příslibu, měli bychom se tohoto verše pevně držet a modlit se, abychom dostávali Boží odpovědi. Nicméně protože tento příslib nesčetněkrát nalezneme napříč celou Biblí, musíme věřit, že Bůh je opravdu živý a že působí stejně včera i dnes i na věky (Židům 13:8).

Kromě toho, Bible nám říká o mnoha mužích a ženách, kteří věřili v Boží slovo, prosili a dostávali od Boha odpovědi. Měli bychom jít ve stopách víry a srdcí těchto lidí a vést své vlastní životy tak, že budeme vždy dostávat Boží odpovědi.

Když řekl Ježíš ochrnutému v Markovi 2:1-12: *„Synu, odpouštějí se ti hříchy. Pravím ti, vstaň, vezmi své lože a jdi domů!,"* ochrnutý vstal, vzal hned své lože a vyšel před očima všech ven, takže všichni žasli a nemohli než chválit Boha.

Setník v Matoušovi 8:5-13 předstoupil před Ježíše kvůli svému služebníkovi, který ležel doma ochrnutý a hrozně trpěl a řekl mu: *„Ale řekni jen slovo, a můj sluha bude uzdraven"* (v. 8). Víme, že když Ježíš řekl setníkovi: *„Jdi, a jak jsi uvěřil, tak se ti staň,"* v tu chvíli se setníkův sluha uzdravil (v. 13).

Malomocný v Markovi 1:40-42 přišel k Ježíšovi a na kolenou ho prosil: *„Chceš-li, můžeš mě očistit"* (v. 40). Protože byl Ježíš naplněn soucitem k malomocnému, vztáhl ruku a dotkl se ho se slovy: *„Chci, buď čist!"* (v. 41) Vidíme, že lepra muže opustila a on byl uzdraven.

Bůh umožňuje všem lidem, aby dostali cokoliv, oč ho požádají ve jménu Ježíše Krista. Bůh si také přeje, aby v něho, který zaslíbil odpovědět na jejich modlitby, uvěřili všichni lidé, modlili se s neměnným srdcem, aniž by to vzdali a stali se jeho požehnanými dětmi.

2. Druhy modliteb, na které Bůh neodpovídá

Když lidé věří a modlí se v souladu s Boží vůlí, žijí podle Božího slova a umírají zrovna, jako umírá pšeničné zrno, Bůh si všimne jejich srdce a oddanosti a odpoví na jejich modlitby. Přesto, pokud existují jedinci, kteří nedostávají Boží odpovědi navzdory svým modlitbám, jakou to může mít příčinu? V Bibli existuje mnoho lidí, kteří nedostali od Boha odpovědi, třebaže se modlili. Zkoumáním důvodů, kvůli kterým lidé nedostávají

Boží odpovědi, se musíme dozvědět, jakým způsobem můžeme od Boha dostávat odpovědi.

Za prvé, pokud přechováváme hřích ve svém srdci a modlíme se, Bůh nám říká, že neodpoví na naše modlitby. Žalm 66:18 nám říká: „*Kdybych se snad upnul srdcem k ničemnosti, byl by mě Panovník nevyslyšel,*" a Izajáš 59:1-2 nám připomíná: „*Hle, Hospodinova ruka není krátká na spasení, jeho ucho není zalehlé, aby neslyšel. Jsou to právě vaše nepravosti, co vás odděluje od vašeho Boha, vaše hříchy zahalily jeho tvář před vámi, proto neslyší.*" Protože nepřítel ďábel zachytí naše modlitby kvůli našemu hříchu, ty pak pouze zasáhnou vzduch a nedostanou se k Božímu trůnu.

Za druhé, pokud se modlíme uprostřed neshod s našimi bratry, Bůh nám neodpoví. Protože nám náš nebeský Otec neodpustí, dokud ze srdce neodpustíme my našim bratrům (Matouš 18:35), naše modlitby nemohou být ani doručeny Bohu ani být vyslyšeny.

Za třetí, pokud se modlíme, abychom uspokojili naši žádostivost, Bůh na naše modlitby neodpoví. Jestliže si nevšímáme Boží slávy, ale namísto toho se modlíme v souladu s touhami své hříšné přirozenosti a abychom to, co od něj dostaneme, vynaložili pro své vlastní potěšení, Bůh nám neodpoví (Jakubův 4:2-3). Například, poslušné a pilné dceři dá otec kapesné, kdykoliv o ně požádá. Neposlušné dceři, která se moc o studium nestará, však otec nebude ochoten dávat kapesné a trápit se pak, jestli to neutratila ze špatných pohnutek. Ze stejného důvodu, pokud o něco žádáme se špatnými motivy a abychom uspokojili touhy své hříšné přirozenosti, Bůh nám neodpoví, protože bychom mohli sejít na stezku, která vede ke zkáze.

Za čtvrté, neměli bychom se ani modlit ani volat k Bohu za modláře (Jeremjáš 11:10-11). Protože si Bůh oškliví modly nade vše jiné, musíme se pouze modlit za spasení jejich duší. Všechny další modlitby nebo prosby učiněné za ně nebo v jejich jménu nebudou vyslyšeny.

Za páté, Bůh neodpovídá na modlitby, které jsou naplněné pochybnostmi, protože odpovědi od Pána můžeme dostat pouze tehdy, když věříme a nepochybujeme (Jakubův 1:6-7). Jsem si jistý, že mnoho z vás si v sobě nese svědectví z uzdravení z nevyléčitelné nemoci a vyřešení zdánlivě neřešitelných problémů, když lidé žádali Boha o to, aby zasáhl. To proto, že Bůh nám řekl: „*Amen, pravím vám, že kdo řekne této hoře: 'Zdvihni se a vrhni do moře' – a nebude pochybovat, ale bude věřit, že se stane, co říká, bude to mít*" (Marek 11:23). Měli byste vědět, že na modlitby naplněné pochybnostmi nemůže být odpovězeno a že pouze modlitby v souladu s Boží vůlí přinesou nepopiratelný pocit jistoty.

Za šesté, nezachováváme-li Boží přikázání, naše modlitby

nebudou vyslyšeny. Když zachováváme Boží přikázání a děláme, co se Bohu líbí, Bible nám říká, že můžeme mít před Bohem sebedůvěru a dostat od něho cokoliv, oč požádáme (1 Janův 3:21-22). Protože Přísloví 8:17 nám říká: „*Já miluji ty, kdo milují mne, a kdo mě za úsvitu hledají, naleznou mne,*" modlitby lidí, kteří poslouchají Boží přikázání ve své lásce k němu (1 Janův 5:3), budou jistě vyslyšeny.

Za sedmé, nemůžeme dostávat Boží odpovědi, aniž bychom zaseli. Neboť v Galatským 6:7 čteme: „*Neklamte se, Bohu se nikdo nebude posmívat. Co člověk zaseje, to také sklidí*" a 2 Korintským 9:6 nám říká: „*Vždyť kdo skoupě rozsévá, bude také skoupě sklízet, a kdo štědře rozsévá, bude také štědře sklízet,*" bez toho, aby zasel, nemůže nikdo sklízet. Pokud někdo zaseje modlitbu, jeho duši se bude dobře dařit; pokud zaseje finanční dary, dostane se mu požehnání v podobě financí; a pokud zaseje svými skutky, dostane se mu požehnání v podobě dobrého zdraví. Stručně řečeno, musíte zasít, co si přejete sklidit a zasít v souladu s Boží vůlí, abyste dostali Boží odpovědi.

Kromě podmínek výše uvedených, jestliže lidé selžou v modlitbách ve jménu Ježíše Krista nebo se nebudou modlit ze srdce, nebo budou setrvávat v blábolení, jejich modlitby nebudou vyslyšeny. Neshody mezi mužem a ženou (1 Petrův 3:7) nebo neposlušnost jsou překážkami na cestě k Božím odpovědím.

Musíme mít vždy na mysli, že takové podmínky výše vytvářejí hradbu mezi Bohem a námi; Bůh od nás odvrátí svou tvář a neodpoví na naše modlitby. Proto musíme nejprve hledat Boží království a spravedlnost, volat k Bohu v modlitbách, abychom dosáhli tužeb našeho srdce a vždy dostávat jeho odpovědi tak, že se budeme až do konce pevně držet své víry v něho.

3. Tajemství vyslyšení našich modliteb

V počáteční fázi života člověka v Kristu se dá tento člověk duchovně přirovnat ke kojenci a Bůh na jeho modlitby odpovídá ihned. Protože tento člověk ještě nezná celou pravdu, tak pokud uskutečňuje Boží slovo, které se dozví, byť jen trochu, Bůh mu odpovídá, jako by byl kojencem plačícím kvůli mléku a vede ho k setkání s Bohem. Jak postupně slyší pravdu a začíná jí rozumět, vyroste z fáze „batolete" a Bůh mu odpovídá do té míry, do jaké uskutečňuje pravdu. Pokud jedinec duchovně vyrostl ze stádia „dítěte", ale setrvává v hřešení a selhává v životě podle Slova, nemůže dostávat Boží odpovědi; od tohoto bodu dále uvidí Boží odpovědi do té míry, do jaké dosáhne posvěcení.

Proto, aby lidé, kteří nedostali od Boha odpovědi, Boží odpovědi skutečně dostali, musí nejprve činit pokání, odvrátit se od svých cest a začít žít životy v poslušnosti Božího slova. Když přebývají v pravdě potom, co činí pokání rozerváním svého srdce před Bohem, Bůh jim dá úžasné požehnání. Protože měl Jób víru, která byla uložená ve formě vědomosti, tak když na něho dopadly zkoušky a utrpení, nejprve proti Bohu reptal. Potom, co se Jób setkal s Bohem a činil pokání rozerváním svého srdce, odpustil svým přátelům a žil podle Božího slova. Na oplátku Bůh Jóbovi požehnal dvojnásobkem toho, co měl předtím (Jób 42:5-10).

Jonáš byl kvůli své neposlušnosti Božího slova uvězněn ve veliké rybě. Přesto, když se s vírou modlil, činil pokání a vzdával Bohu díky ve své modlitbě, Bůh rybě nařídil a ona Jonáše vyvrhla na suchou zemi (Jonáš 2:1-10).

Když se odvrátíme od svých cest, činíme pokání, žijeme podle vůle našeho Otce, věříme a voláme k Bohu, nepřítel ďábel k nám vejde jedním směrem, ale sedmi směry od nás uprchne. Přirozeně budou vyřešeny naše nemoci, problémy s dětmi a finanční problémy. Manžel, který týrá svou ženu, se promění v dobrého a laskavého manžela a pokojná rodina vyzařující Kristovu vůni vzdá Bohu velikou slávu.

Jestliže jsme se odvrátili od svých cest, činili pokání a dostali od Boha odpovědi na své modlitby, musíme Bohu vzdát slávu svědectvím o naší radosti. Když se Bohu líbíme a vzdáváme mu slávu svým svědectvím, nejenom že se Bohu dostane slávy a má v nás zalíbení, ale také je dychtivý se nás zeptat: „Co ti mohu dát?"

Dejme tomu, že rodič dá svému synovi dar a syn neprojeví žádnou vděčnost ani ji nevyjádří žádným jiným způsobem. Matka mu už pak nemusí nic dalšího dát. Nicméně kdyby byl syn velmi vděčný za dar, který dostal a potěšil tím svou matku, ona bude o to raději a nebude si přát nic jiného, než dát svému synovi další dary a podle toho se zařídí. Ze stejného důvodu dostaneme od Boha tím více, když mu vzdáme slávu a budeme pamatovat na to, že náš Otec Bůh je rád, když jeho děti dostávají odpovědi na své modlitby a dává ještě více dobrých darů těm, kteří svědčí o jeho odpovědích.

Prosme všichni Boha v souladu s jeho vůlí, ukažme Bohu naši víru a oddanost a dostaneme od něho cokoliv, oč požádáme. Ukázat Bohu naši víru a oddanost se může zdát z lidského hlediska obtížným úkolem. Nicméně, pouze po takovém procesu, kdy odhodíme těžké hříchy, které stojí proti pravdě, upneme své oči k věčnému nebi, dostaneme odpovědi na své modlitby a shromáždíme své odměny v nebeském království, budou naše životy naplněny vděčností a radostí a skutečně stát za to. Navíc, naše životy budou o to požehnanější, protože zkoušky a utrpení budou vyhnány a v Božím vedení a ochraně zakusíme opravdový pokoj.

Kéž každý z vás žádá s vírou o to, po čem touží, horlivě se modlí, bojuje proti hříchu a zachovává Boží přikázání, abyste dostali všechno, oč požádáte, zalíbili se Bohu v každé věci a vzdali mu velikou slávu. Takto se modlím ve jménu našeho Pána Ježíše Krista!

Kapitola 2

Přece ho musíme požádat

Až si vzpomenete na své zlé cesty a na své nedobré skutky, budete se sami sobě ošklivit pro své nepravosti a ohavnosti. Nečiním to kvůli vám, je výrok Panovníka Hospodina, to vám buď známo; styď a hanbi se za své cesty, dome izraelský! Toto praví Panovník Hospodin: „V den, kdy vás očistím ode všech vašich nepravostí, osídlím města, a co je v troskách, bude vystavěno. Zpustošená země bude obdělána, nebude už ležet zpustošená před zraky všech, kdo jdou kolem. Potom řeknou: ‚Tato zpustošená země je jako zahrada v Edenu: města ležící v troskách, zpustlá a zbořená, jsou nyní opevněna a osídlena.' I poznají pronárody, které zůstanou vůkol, že já Hospodin jsem vystavěl, co bylo zbořeno, a osázel zpustošený kraj; já Hospodin jsem to vyhlásil i vykonal." Toto praví Panovník Hospodin: „Opět budu izraelskému domu odpovídat na dotazy a prokážu jim toto: Rozmnožím lidi jako ovce."

Ezechiel 36:31-37

Prostřednictvím šedesáti šesti knih Bible Bůh, který je stejný včera i dnes i navěky (Židům 13:8), dosvědčuje skutečnost, že je živý a působí. Všem těm, kdo uvěřili v jeho Slovo a zachovávali ho ve starozákonní době, novozákonní době a dnes, Bůh věrně ukázal důkaz svého působení.

Bůh Stvořitel všeho ve vesmíru a Vládce nad životem, smrtí, prokletím a požehnáním lidstva, nám zaslíbil „požehnat" (Deuteronomium 28:5-6) potud, pokud věříme v jeho slovo a zachováváme celé jeho slovo obsažené v Bibli. A nyní, pokud skutečně věříme této úžasné a skvělé skutečnosti, čeho by se nám nedostávalo a co bychom nedostali? V Numeri 23:19 čteme: „*Bůh není člověk, aby lhal, ani lidský syn, aby litoval. Zdali řekne, a neučiní, promluví, a nedodrží?*" Mluví Bůh a nejedná? Slibuje a neplní? Kromě toho, protože nám Ježíš zaslíbil v Janovi 16:23: „*V onen den se mě nebudete již na nic ptát. Amen, amen, pravím vám, budete-li o něco prosit Otce ve jménu mém, dá vám to,*" Boží děti jsou skutečně požehnané.

Proto je pro Boží děti pouze přirozené vést život, ve kterém dostanou, oč požádají a vzdát slávu svému nebeskému Otci. Proč tedy mnoho křesťanů takový život nežije? Pomocí pasáže, na které je založena tato kapitola, pojďme prozkoumat, jak můžeme vždy dostávat Boží odpovědi.

1. Bůh vyhlásil i vykonal, ale přece ho musíme požádat

Izraelský lid jako Boží vyvolení obdrželi přehojná požehnání. Bylo jim zaslíbeno, že pokud budou opravdově poslouchat a následovat Boží slovo, Bůh je vyvýší nad všechny pronárody země, nechá nepřátele, kteří proti nim povstanou, aby byli před nimi poraženi, a požehná všemu, k čemu přiloží ruku (Deuteronomium 28:1, 7, 8). Taková požehnání přišla na Izraelity, když dodržovali Boží slovo, ale když jednali zle, neposlouchali zákon a uctívali modly, byli kvůli Božímu hněvu vzati do zajetí a jejich země byla zničena.

V té době Bůh řekl Izraelitům, že pokud budou činit pokání a odvrátí se od svých špatných cest, on dovolí, aby byla zpustošená země obdělána a zničená místa znovu vystavěna. Nadto Bůh řekl: *„Já Hospodin jsem to vyhlásil i vykonal. Opět budu izraelskému domu odpovídat na dotazy a prokážu jim toto"* (Ezechiel 36:36-37).

Proč Bůh slíbil Izraelitům, že bude jednat, ale také říká, že ho budou muset „požádat"?

I když Bůh ví, co potřebujeme, ještě předtím, než ho požádáme (Matouš 6:8), také nám pověděl: *„Proste, a bude vám dáno... Neboť každý, kdo prosí, dostává... Tím spíše váš Otec v nebesích dá dobré těm, kdo ho prosí!"* (Matouš 7:7-11)

Navíc, protože nám Bůh říká napříč Biblí, že musíme prosit a volat k Bohu, abychom od něj dostali odpovědi (Jeremjáš 33:3;

Jan 14:14), Boží děti, které opravdově věří v Boží slovo, musí stále žádat Boha, třebaže promluvil a řekl, že bude jednat.

Na jednu stranu, když Bůh řekne: „Vykonám tak," tak pokud věříme a zachováváme jeho Slovo, dostaneme odpovědi. Na druhou stranu, pokud pochybujeme, zkoušíme Boha a selháváme v tom být vděční a namísto toho si stěžujeme v dobách zkoušek a utrpení – stručně řečeno, pokud selháváme v tom věřit v Boží příslib – nemůžeme dostávat Boží odpovědi. Třebaže Bůh zaslíbil: „Vykonám tak," tento příslib může být naplněn pouze tehdy, když se pevně držíme tohoto slibu v modlitbách a ve skutcích. Nedá se říct, že někdo má víru, pokud nežádá, ale pouze se dívá na tento příslib a říká si: „Protože tak řekl Bůh, stane se to." Nemůže ani dostávat Boží odpovědi, protože ho nedoprovází žádný skutek.

2. Musíme žádat, abychom dostali Boží odpovědi

Za prvé, musíte se modlit, aby se zbořila hradba, která stojí mezi vámi a Bohem.

Když byl Daniel po pádu Jeruzaléma vzat do zajetí do Babylóna, narazil v Písmu na proroctví Jeremjáše a dozvěděl se, že zpustošení Jeruzaléma potrvá sedmdesát let. Během těchto sedmdesáti let, jak se Daniel dozvěděl, bude Izrael sloužit babylónskému králi. Nicméně až se sedmdesát let završí, babylónský král, jeho království a kaldejská země, budou prokleti a neutuchajícím způsobem pustošeni kvůli svým hříchům. I když byli Izraelité v té době zajati v Babylóně, Jeremjášovo svědectví o tom, že budou nezávislí a vrátí se do své vlasti po sedmdesáti letech, bylo pro Daniela okamžitým zdrojem radosti a úlevy.

Přesto Daniel, ačkoliv jednoduše mohl, nesdílel svou radost se svými izraelskými druhy. Namísto toho se Daniel obrátil k Bohu, aby ho vyhledal modlitbou a prosbami o smilování v postu, žíněném rouchu a popelu. A činil pokání za to, že se on a Izraelité provinili, jednali svévolně, bouřili se a odvrátili se od Božích přikázání a zákonů (Daniel 9:3-19).

Bůh skrze proroka Jeremjáše nezjevil, jak izraelské zajetí v Babylóně skončí; pouze prorokoval konec zajetí po sedmi dekádách. Protože však Daniel znal zákon duchovního světa, byl si velmi dobře vědom toho, že aby mohlo být naplněno Boží slovo, musí být nejprve zničena hradba, která stála mezi Izraelem a Bohem. Tím, že takto činil, Daniel prokázal svou víru skutkem. Zatímco se Daniel postil a činil pokání – za sebe a zbytek Izraelitů – za to, že se provinili proti Bohu a byli následně prokleti, Bůh zničil tuto hradbu, odpověděl Danielovi, dal Izraelitům „sedmdesát týdnů let" a odhalil mu další tajemství.

Přitom jak se stáváme Božími dětmi, které prosí v souladu se Slovem svého Otce, měli bychom si uvědomit, že zničení hradby z hříchů předchází vyslyšení našich modliteb a měli bychom zničení hradby z hříchů učinit svou prioritou.

Za druhé, musíme se modlit s vírou a v poslušnosti. V Exodu 3:6-8 čteme o Božím zaslíbení izraelskému lidu, který byl v té době zotročován v Egyptě, že je Bůh vyvede z Egypta a povede do Kenaanu, země oplývající mlékem a medem. Kenaan je země, kterou Bůh zaslíbil Izraelitům dát do vlastnictví (Exodus 6:8). Přísežně zaslíbil dát zemi jejich potomstvu a nařídil jim do ní jít (Exodus 33:1-3). Je to zaslíbená země, kde Bůh Izraeli nařídil zničit všechny modly a varoval je před uzavíráním smluv s obyvateli, kteří tam již žili a jejich bohy, aby si Izraelité nevytvořili léčku mezi sebou a svým Bohem. To bylo zaslíbení od Boha, který vždy plní, co zaslíbí. Proč tedy Izraelité nemohli vejít do Kenaanu?

Ve své nedůvěře v Boha a jeho moc Izraelité reptali proti Bohu (Numeri 14:1-3) a neposlechli ho, a tak nemohli vstoupit do Kenaanu, zatímco stáli na jeho prahu (Numeri 14:21-23; Židům 3:18-19). Zkrátka, třebaže Bůh zaslíbil Izraelitům Kenaanskou zemi, toto zaslíbení nemělo žádný význam, pokud Bohu nevěřili ani ho neposlouchali. Kdyby skutečně věřili a poslouchali ho, byl by tento příslib zajisté naplněn. Nakonec mohli spolu s potomky Izraelitů vejít do Kenaanu pouze Jozue a Káleb, kteří věřili v Boží slovo (Jozue 14:6-12). Napříč historií Izraele mějme na mysli, že můžeme dostávat Boží odpovědi pouze tehdy, když Boha žádáme v důvěře jeho zaslíbení a v poslušnosti a dostaneme jeho odpovědi, když ho prosíme ve víře.

Ačkoliv Mojžíš sám jistě věřil v Boží příslib ohledně Kenaanu, tak protože Izraelité nevěřili v Boží moc, dokonce i jemu bylo zakázáno vstoupit do zaslíbené země. Boží působení je občas odpovědí na víru jednoho člověka, ale jindy se stane odpovědí pouze, když mají všichni zúčastnění víru, která je dostatečná k tomu, aby se jeho působení projevilo. Při vstupu do Kenaanu Bůh vyžadoval víru všech Izraelitů, ne pouze Mojžíšovu. Avšak protože Bůh nedokázal nalézt takovou víru mezi izraelským lidem, nedovolil jejich vstup do Kenaanu. Mějte na mysli, že když Bůh hledá víru nejenom jednoho jednotlivce, ale všech zúčastněných, všichni lidé se musí modlit s vírou a v poslušnosti a stát se jedním v srdci, aby dostali jeho odpovědi.

Když se ženě, která trpěla dvanáct let krvácením, dostalo uzdravení tím, že se dotkla Ježíšova šatu, Ježíš se zeptal: „*Kdo se to dotkl mého šatu?*" a nechal ji svědčit o jejím uzdravení přede všemi shromážděnými lidmi (Marek 5:25-34).

Svědectví jednotlivce o Božím působení, které se projevilo v jeho životě, pomáhá druhým růst v jejich vlastní víře a posiluje je to k proměně jich samotných v lidi modlitby, kteří Boha žádají a dostávají od něj odpovědi. Protože získávání Božích odpovědí s vírou umožňuje nevěřícím získat víru a setkat se s živým Bohem, je to vskutku velkolepý způsob, jak vzdát Bohu slávu.

Vírou a zachováváním slov požehnání nalezených v Bibli a tím, že budeme pamatovat na to, že stále musíme žádat, i když nám Bůh zaslíbil: „Já jsem to vyhlásil i vykonal," vždy dostávejme jeho odpovědi, staňme se jeho požehnanými dětmi a vzdejme mu slávu z celého svého srdce.

Kapitola 3

Duchovní zákon
ve vztahu k Božím odpovědím

Potom se [Ježíš] jako obvykle odebral
na Olivovou horu; učedníci ho následovali.
Když došel na místo, řekl jim:
„Modlete se, abyste neupadli do pokušení."
Pak se od nich vzdálil, co by kamenem dohodil,
klekl a modlil se: „Otče, chceš-li, odejmi ode mne tento kalich,
ale ne má nýbrž tvá vůle se staň."
Tu se mu zjevil anděl z nebe a dodával mu síly.
Ježíš v úzkostech zápasil a modlil se ještě usilovněji;
jeho pot kanul na zem jako krůpěje krve.
Pak vstal od modlitby, přišel k učedníkům a shledal,
že zármutkem usnuli. Řekl jim: „Jak to, že spíte?
Vstaňte a modlete se,
abyste neupadli do pokušení"

Lukáš 22:39-46

Boží děti získávají spasení a mají právo dostat od Boha, oč s vírou požádají. Proto v Matoušovi 21:22 čteme: „*A věříte-li, dostanete všecko, oč budete v modlitbě prosit.*"

Přesto se mnoho lidí podivuje, proč nedostávají od Boha odpovědi potom, co se modlí, ptají se sami sebe, zda se jejich modlitby dostaly k Bohu nebo pochybují o tom, zda jejich modlitby Bůh vůbec slyšel.

Zrovna jako potřebujeme znát vhodné způsoby a cesty, abychom mohli pokračovat v bezproblémové cestě na konkrétní místo určení, tak pouze když si uvědomíme vhodné způsoby a cesty modlitby, můžeme od Boha dostat rychlé odpovědi. Modlitby samy o sobě nezaručují Boží odpovědi; musíme znát zákon duchovního světa ohledně Božích odpovědí a modlit se v souladu s tímto zákonem.

Pojďme nyní prozkoumat zákon duchovního světa, co se týče Božích odpovědí a jeho vztah se sedmero duchy Božími.

1. Zákon duchovního světa ohledně Božích odpovědí

Protože modlitba znamená poprosit všemohoucího Boha o věci, po kterých toužíme a chceme je, můžeme jeho odpovědi obdržet pouze, když ho žádáme v souladu se zákonem duchovního světa. Žádné množství nebo stupeň lidského úsilí založené na lidských myšlenkách, metodách, slávě a vědomostech člověku nikdy nepřinese Boží odpovědi.

Protože Bůh je spravedlivý soudce (Žalm 7:12), slyší naše modlitby a odpovídá na ně, požaduje od nás výměnou za své odpovědi příslušné množství. Boží odpovědi na naše modlitby lze přirovnat k nákupu masa od řezníka. Pokud řezníka přirovnáme k Bohu, tak váha, kterou používá, může být nástrojem, kterým Bůh na základě zákona duchovního světa váží, zda člověk může či nemůže dostat jeho odpovědi.

Dejme tomu, že jdeme k řezníkovi, abychom koupili dvě kila hovězího. Když ho požádáme o množství masa, které požadujeme, řezník zváží maso a podívá se, zda maso, které dal na váhu, váží dvě kila. Pokud maso na váze opravdu váží dvě kila, řezník od nás dostane odpovídající sumu peněz za dvě kila hovězího, maso zabalí a dá nám ho.

Ze stejného důvodu, zatímco Bůh skutečně odpovídá na naše modlitby, nepochybně od nás dostává něco na oplátku, co zaručuje jeho odpovědi. To je zákon duchovního světa ohledně Božích odpovědí.

Bůh slyší naše modlitby, přijímá od nás něco, co je příslušné hodnoty a potom nám odpoví. Pokud někdo ještě nedostal Boží odpověď na své modlitby, je to proto, že ještě Bohu nepředložil množství příslušející jeho odpovědím. Protože se množství nezbytné pro získání odpovědí od Boha liší v závislosti na objemu modliteb člověka, tak dokud nezíská takovou víru, díky které může dostat Boží odpovědi, musí se modlit dál a nashromáždit toto nezbytné množství. I když neznáme podrobně příslušné množství, které od nás Bůh požaduje, Bůh ho opravdu požaduje. Proto, zatímco věnujeme pečlivou pozornost hlasu Ducha svatého, musíme Boha o některé věci žádat postem, o určité věci noční přísežnou modlitbou, o jiné zase modlitbami v slzách a o další zase oběťmi díků. Takový skutek nahromadí množství potřebné k získání Božích odpovědí, protože nám Bůh dá takovou víru, kterou můžeme věřit, a požehná nám svými odpověďmi.

Třebaže dva lidé odděleně začnou čas přísežné modlitby, jeden dostane Boží odpovědi ihned potom, co se začne modlit, zatímco druhý své odpovědi nedostane ani potom, co jeho přísežné modlitby začnou ani potom, co skončí. Jaké vysvětlení najdeme pro tuto nerovnost?

Protože Bůh je moudrý a dělá své plány předem, tak pokud má Bůh za to, že jedinec má srdce, které se vydrží modlit až do doby, kdy budou přísežné modlitby u konce, odpoví na prosbu člověka hned. Avšak pokud někdo nedostane Boží odpovědi kvůli problému, kterému čelí nyní, je to proto, že ještě nedal Bohu příslušné množství pro jeho odpovědi. Když přisaháme, že se budeme modlit po určitou dobu, měli bychom vědět, že Bůh vedl naše srdce tak, aby dostal příslušné množství modliteb pro své odpovědi. V důsledku toho, pokud nenashromáždíme takové množství, nedostaneme Boží odpovědi.

Například, jestliže se člověk modlí za svou budoucí manželku či manžela, Bůh pro něho vyhledá a připraví tu pravou nevěstu či ženicha, aby mohl působit pro dobro člověka ve všech věcech. To neznamená, že ta pravá nevěsta či ženich se objeví před našima očima, i když ještě nemá ten správný věk na vdávání či ženění jen proto, že jsme se za to modlili. Protože Bůh odpovídá těm, kdo věří, že od něj dostanou odpovědi, tak v době, kdy si to Bůh zvolí, odhalí jim svůj skutek, který si pro ně připravil. Nicméně když není něčí modlitba ve spojení s Boží vůlí, žádné množství modliteb nezaručí Boží odpovědi. Kdyby ten stejný muž hledal a modlil se za vnější předpoklady své budoucí nevěsty jako za vzdělání, vzhled, majetkové poměry, pověst a podobně – jinými slovy modlitbami naplněnými chamtivostí vytvořenou v rámci jeho mysli – Bůh mu neodpoví.

I kdyby se dva lidé modlili k Bohu za přesně stejnou věc, tak protože stupeň jejich posvěcení a míra víry, kterou mohou Bohu zcela věřit, se liší, množství modliteb, které Bůh přijme, se také liší (Zjevení 5:8). Někdo může dostat Boží odpověď za měsíce, zatímco druhý ji dostane během dnů.

Kromě toho, čím větší je význam Božích odpovědí na modlitby člověka, tím větší musí být množství jeho modliteb. Podle zákona duchovního světa bude veliká nádoba zkoušena více a vyjde z toho jako zlato, zatímco malá nádoba bude zkoušena v menším měřítko a pouze trochu používána Bohem. Proto nikdo nesmí soudit druhé a říkat: „Podívejte se na všechny jeho těžkosti navzdory jeho věrnosti!" a jakýmkoli způsobem zklamat Boha. Mezi našimi praotci víry byl Mojžíš zkoušen po dobu 40 let a Jákob po dobu 20 let a my víme, jak vhodnou nádobou se každý z nich stal v Božích očích a jak byli použiti pro velký Boží záměr potom, co překonali své vlastní zkoušky. Přemýšlejte nad procesem, ve kterém se formuje a trénuje národní fotbalový tým. Pokud jsou dovednosti konkrétního hráče hodné toho, aby byl dán na soupisku, tak bude moci reprezentovat svou zemi až po delším čase a dalším úsilí investovaných do tréninku.

Ať je odpověď, kterou u Boha hledáme, velká nebo malá, musíme pohnout jeho srdcem, abychom ji dostali. Tím, že se budeme modlit, abychom dostali cokoliv, oč požádáme, bude Bůh pohnut a odpoví nám, když mu dáme příslušné množství modliteb, očistíme naše srdce, abychom neměli žádnou hradbu z hříchů stojící mezi Bohem a námi a vzdáme mu jako důkaz naší víry v něho díky, radost, obětní dary a podobně.

2. Vztah mezi zákonem duchovního světa a sedmero duchy

Jak jsme si prověřili pomocí metafory řezníka a jeho váhy výše, tak podle zákona duchovního světa Bůh měří množství modliteb každého bezchybně a určuje, zda člověk nashromáždil příslušné množství modliteb. Zatímco většina lidí vynáší soudy ohledně konkrétní věci pouze podle toho, co je viditelné jejich očím, Bůh dělá přesné posudky prostřednictvím sedmera duchů Božích (Zjevení 5:6). Jinými slovy, když je někdo prohlášen za způsobilého sedmero duchy Božími, Bůh mu odpoví na jeho modlitby.

Co sedmero duchů Božích měří?

Za prvé, sedmero duchů měří naši víru.

Co se týče víry, existuje ‚duchovní víra' a ‚tělesná víra.' Víra, kterou sedmero duchů měří, není víra ve formě vědomosti – tělesná víra – ale duchovní víra, která je živá a doprovázená skutky (Jakubův 2:22). Například, v 9. kapitole Marka je scéna, ve které před Ježíše předstupuje otec dítěte, které bylo posedlé démony, kteří mu způsobili oněmění (Marek 9:17). Otec řekl Ježíšovi: „Věřím, pomoz mé nedověře!" Zde otec přiznal svou tělesnou víru slovy: „Věřím" a požádal ho o duchovní víru slovy: „Pomoz mé nedověře!" Ježíš hned otci odpověděl a chlapce uzdravil (Marek 9:18-27).

Bez víry je nemožné zalíbit se Bohu (Židům 11:6). Avšak protože můžeme naplnit touhy svého srdce, když se mu opravdu zalíbíme, dokážeme s vírou, kterou se můžeme zalíbit Bohu, dosáhnout tužeb našeho srdce. Proto, pokud nedostaneme Boží odpověď, i když nám Bůh řekl: *„Jak jsi uvěřil, tak se ti staň,"* znamená to, že naše víra ještě není úplná (Matouš 8:13).

Za druhé, sedmero duchů měří naši radost.

Protože se v 1 Tesalonickým 5:16 říká, abychom se vždy radovali, je Boží vůle pro nás, abychom se vždy radovali. Namísto toho, aby se radovali i v těžkých časech, mnozí křesťané jsou dnes spoutáni úzkostí, strachem a starostmi. Pokud opravdově věří v živého Boha z celého svého srdce, dokážou se vždy radovat navzdory situaci, ve které se nacházejí. Mohou se radovat ve vřelé naději, která se rozprostírá ve věčném nebeském království, ne v tomto světě, který zakrátko zhyne.

Za třetí, sedmero duchů měří naši modlitbu.

Protože nám Bůh říká, abychom se modlili bez ustání (1 Tesalonickým 5:17) a zaslibuje, že dá těm, kdo ho prosí (Matouš 7:7), dává jedině smysl, že od Boha dostaneme, oč ho v modlitbě poprosíme. Modlitba, která se Bohu líbí, znamená modlit se obvykle (Lukáš 22:39) a pokleknout a modlit se v souladu s Boží vůlí. S takovým přístupem a postojem budeme přirozeně volat k Bohu z celého svého srdce a naše modlitby budou plné víry a lásky. Takovou modlitbu Bůh zkoumá. Nemáme se modlit pouze, když něco chceme nebo jsme smutní a blábolíme v modlitbě, ale modlit se podle Boží vůle (Lukáš 22:39-41).

Za čtvrté, sedmero duchů měří naše díky.

Protože nám Bůh nařídil, abychom za všechno děkovali (1 Tesalonickým 5:18), každý by měl s vírou a z celého svého srdce přirozeně vzdávat za všechno díky. Když nás Bůh posunul ze stezky zkázy na stezku věčného života, jak bychom neměli být vděční? Máme být vděční za Boží setkání s těmi, kdo ho usilovně hledají a jeho odpovědi těm, kdo ho prosí. Navíc, i když během našeho kraťoučkého života na tomto světě čelíme těžkostem, máme být vděční, protože naše naděje je ve věčném nebi.

Za páté, sedmero duchů měří, zda dodržujeme nebo nedodržujeme Boží přikázání.

1 Janův 5:2 nám říká: *„Podle toho poznáváme, že milujeme Boží děti, když milujeme Boha a jeho přikázání zachováváme"* a Boží přikázání nejsou těžká (1 Janův 5:3). Pravidelná modlitba

člověka na kolenou a jeho volání k Bohu je modlitba lásky odvozená od víry člověka. S touto svou vírou a ve své lásce k Bohu se bude modlit v souladu s Božím slovem.

Přesto si mnoho lidí stěžuje na nedostatek Božích odpovědí, když si to směřují na západ, i když jim Bible říká: „Jdi na východ." Jediné, co musejí udělat, je věřit tomu, co jim říká Bible a poslechnout. Protože jsou rychlí k tomu odložit Boží slovo, hodnotí každou situaci podle svých vlastních myšlenek a teorií a modlí se v souladu se svým vlastním prospěchem, Bůh od nich odvrací svou tvář a neodpovídá jim. Dejme tomu, že jste svému příteli slíbili, že se s ním potkáte u vlakové zastávky v New York City, ale později jste si uvědomili, že je pro vás lepší autobus než vlak a místo toho jste jeli do New Yorku autobusem. Nezáleží na tom, jak dlouho budete na autobusové zastávce čekat, nikdy se se svým přítelem nesetkáte. Pokud jste šli na západ, i když vám Bůh řekl: „Jdi na východ," nedá se říct, že jste ho poslechli. Přesto je tragické a zdrcující vidět tak mnoho křesťanů, kteří mají právě takovou víru. To není ani víra ani láska. Říkáme-li, že milujeme Boha, je pro nás pouze přirozené dodržovat jeho přikázání (Jan 14:15; 1 Janův 5:3).

Láska k Bohu vás požene k tomu modlit se ještě zapáleněji a horlivěji. To na oplátku přinese ovoce v podobě spasení duší a evangelizaci a dosažení Božího království a spravedlnosti. Vaší duši se bude dobře dařit a vy obdržíte moc modlitby. Protože dostanete odpověď a vzdáte Bohu slávu a protože věříte, že toto všechno bude v nebi odměněno, budete vděční a neochabnete. Tudíž pokud prohlašujeme naši víru v Boha, je pro nás pouze přirozené zachovávat desatero přikázání, shrnutí šedesáti šesti knih Bible.

Za šesté, sedmero duchů měří naši věrnost.

Bůh chce, abychom byli věrní nejenom v konkrétní oblasti, ale v celém Božím domě. Kromě toho, jak je zaznamenáno v 1 Korintským 4:2: *„Od správců se nežádá nic jiného, než aby byl každý shledán věrným,"* je správné pro ty, kterým Bůh uložil povinnostmi, žádat Boha o to, aby je posílil, aby byli shledáni ve všem věrnými a lidmi okolo nich důvěryhodnými. Navíc by měli žádat o věrnost doma a v práci, a zatímco usilují o to být věrnými ve všem, čeho jsou součástí, jejich věrnost musí být dosažena v pravdě.

Za sedmé, sedmero duchů měří naši lásku.

I když je někdo způsobilý podle šesti měřítek výše, Bůh nám říká, že bez lásky nejsme „nic" než „zvučící zvon," a že největší z víry, naděje a lásky je láska. Navíc Ježíš naplnil zákon láskou (Římanům 13:10) a jako jeho děti se tedy máme milovat navzájem.

Abychom dostali Boží odpovědi na naše modlitby, musíme mít nejprve předpoklady měřené měřítky sedmera duchů. Znamená to tedy, že noví věřící, kteří ještě neznají pravdu, nemohou dostávat Boží odpovědi? Dejme tomu, že batole, které neumí mluvit, jednoho dne velmi zřetelně řekne: „Mami!" Jeho rodiče budou mít takovou radost, že svému dítěti dají cokoliv, po čem zatouží.

Ze stejného důvodu, protože existují různé úrovně víry, sedmero duchů měří každou z nich a podle toho odpovídají. Proto je Bůh pohnut a s potěšením odpoví nováčkovi, když prokáže byť jen sebemenší víru. Bůh je pohnut a s potěšením odpovídá, když věřící na druhé nebo třetí úrovni víry nashromáždí korespondující míru víry. Zatímco věřící na čtvrté nebo páté úrovni víry žijí podle Boží vůle a modlí se ještě vhodnějším způsobem k Bohu, jsou v očích sedmera duchů ihned kvalifikováni a dostávají Boží odpovědi rychleji.

Stručně řečeno, čím vyšší úroveň víry, na které se člověk nachází – protože si je o to více vědom zákona duchovního světa a žije podle něj – tím rychleji dostává Boží odpovědi. Přesto, z jakých důvodů dostávají často nováčci odpovědi od Boha rychleji? Z Boží milosti, kterou dostává od Boha, je nový věřící naplněn Duchem svatým a v očích sedmera duchů k tomu oprávněn, a tak dostává Boží odpovědi rychleji.

Nicméně, přitom jak postupuje hlouběji v pravdě, stává se lenivějším a postupně ztrácí svou počáteční lásku, tak zápal, který prve měl, chladne a rozvine se tendence „dělat věci za pochodu."

Staňme se v naší horlivosti pro Boha vhodnými v očích sedmera duchů tím, že budeme nadšeně žít podle pravdy, získejme od našeho Otce všechno, oč požádáme, a veďme požehnané životy, kterými mu vzdáme slávu!

Kapitola 4

Zničte hradbu z hříchů

Hle, Hospodinova ruka není krátká na spasení,
jeho ucho není zalehlé,
aby neslyšel.
Jsou to právě vaše nepravosti,
co vás odděluje od vašeho Boha,
vaše hříchy zahalily jeho tvář před vámi,
proto neslyší.

Izajáš 59:1-2

V Matoušovi 7:7-8 Bůh svým dětem říká: „*Proste, a bude vám dáno; hledejte a naleznete; tlučte a bude vám otevřeno. Neboť každý, kdo prosí, dostává, a kdo hledá, nalézá, a kdo tluče, tomu bude otevřeno*" a zaslibuje jim, že jim odpoví na jejich modlitby. Proč tedy tak mnoho lidí nedostává od Boha odpověď na své modlitby navzdory jeho příslibu?

Bůh neslyší modlitbu hříšníků; odvrací od nich svou tvář. Rovněž nemůže odpovědět na modlitby lidí, kteří mají na své cestě k Bohu postavenou hradbu z hříchů. Proto, abychom se mohli těšit dobrému zdraví a aby se nám ve všem dobře dařilo, stejně jako se daří naší duši, musí být pro nás zničení hradby z hříchů blokující naši cestu k Bohu prioritou.

Objevením různých elementů, které se staly součástí vybudování zdi z hříchů, každého z vás nabádám, abyste se stali požehnanými Božími dětmi, které činí pokání ze svých hříchů, pokud existuje hradba z hříchů mezi Bohem a jimi, dostali všechno, oč Boha poprosíte v modlitbách a vzdali Bohu slávu.

1. Zničte hradbu z hříchů kvůli své nedůvěře v Boha a nepřijetí Pána jako svého Spasitele

Bible říká, že je hřích nevěřit v Boha a nepřijmout Ježíše Krista jako svého Spasitele (Jan 16:9). Mnoho lidí říká: „Jsem bez hříchu, protože jsem vedl dobrý život", ale ve své duchovní ignoranci dělají tyto poznámky, aniž by vůbec znali povahu hříchu. Protože Boží slovo není v jejich srdci, neznají tito jedinci rozdíl mezi skutečnou pravdou a skutečnou špatností a nedokážou odlišit dobré od zlého. Kromě toho pokud jim měřítka tohoto světa bez znalosti skutečné spravedlnosti říkají: „Nejsi tak špatný," dokážou bez výhrad říct, že jsou dobří. Bez ohledu na to, že někdo může věřit, že vedl dobrý život, tak když se podívá na svůj život zpětně pod světlem Božího slova poté, co přijme Ježíše Krista, objeví, že jeho život nebyl vůbec „dobrý." To proto, že si uvědomí, že jeho nevíra v Boha a nepřijetí Ježíše Krista jsou největší ze všech hříchů. Bůh se zavazuje odpovídat na modlitby lidí, kteří přijali Ježíše Krista a stali se jeho dětmi, zatímco Boží děti mají právo dostávat od Boha odpovědi na své modlitby podle jeho příslibu.

Důvodem pro to, že Boží děti – které v něho věří a přijaly Ježíše Krista jako svého Spasitele – nedostávají odpovědi na své modlitby, je to, že nedokážou rozpoznat existenci zdi, která pochází z jejich hříchů a zla, a stojí mezi Bohem a jimi. To je důvod pro to, že i když drží půst nebo zůstanou celou noc v modlitbách, Bůh od nich odvrátí svou tvář a neodpovídá na jejich modlitby.

2. Zničte hřích ochladnutí ve vzájemné lásce

Bůh nám říká, že je pro jeho děti pouze přirozené, aby se navzájem milovaly (1 Janův 4:11). Kromě toho, protože nám říká, abychom milovali i své nepřátele (Matouš 5:44), tak nenávidět své bratry namísto toho, abychom je milovali, je neposlušnost Božího slova, a tudíž vytváří hřích.

Protože Ježíš Kristus ukázal svou lásku prostřednictvím

ukřižování za celé lidstvo, které bylo uvězněno v hříchu a zlu, patří se, abychom milovali své rodiče, bratry i děti. Avšak, je vážným hříchem před Bohem přechovávat takové neopodstatněné emoce jako nenávist a neochotu si navzájem odpustit. Bůh nám nenařídil, abychom mu projevili takovou lásku, se kterou zemřel na kříži Ježíš, aby vykoupil člověka z jeho hříchů; pouze nás požádal, abychom svou nenávist proměnili v lásku k druhým. Proč je to tedy tak obtížné?

Bůh říká, že každý kdo nenávidí svého bratra je „vrah" (1 Janův 3:15) a že stejně s námi bude jednat náš nebeský Otec, dokud neodpustíte svému bratru (Matouš 18:35) a nabádá nás, abychom k sobě chovali lásku a nestěžovali si jeden na druhého, abychom nebyli odsouzeni (Jakubův 5:9).

Protože v každém z nás přebývá Duch svatý, tak díky lásce Ježíše Krista, který byl ukřižován a vykoupil nás z našich hříchů minulosti, přítomnosti a budoucnosti, můžeme milovat všechny lidi, když před ním činíme pokání, odvracíme se od svých cest a přijímáme jeho odpuštění. Protože však lidé z tohoto světa nevěří v Ježíše Krista, neexistuje pro ně žádného odpuštění, i kdyby činili pokání, a nedokážou sdílet opravdovou lásku mezi sebou navzájem bez vedení Ducha svatého.

I když vás váš bratr nenávidí, musíte mít takové srdce, se kterým setrváte v pravdě, pochopíte ho, odpustíte mu a modlíte se za něj v lásce, takže se sami nestanete hříšníky. Pokud nenávidíme své bratry namísto toho, abychom je milovali, hřešíme před Bohem, ztrácíme plnost Ducha svatého, stáváme se bídnými a pošetilými a trávíme všechny své dny naříkáním. Ani bychom neměli očekávat, že Bůh odpoví na naše modlitby.

Pouze s pomocí Ducha svatého můžeme začít milovat, rozumět a odpouštět svým bratřím a dostat od Boha cokoliv, oč v modlitbách požádáme.

3. Zničte hradbu z hříchů neposlušnosti Božím přikázáním

V Janovi 14:21 nám Ježíš říká: *„Kdo přijal má přikázání a zachovává je, ten mě miluje. A toho, kdo mě miluje, bude milovat můj Otec; i já ho budu milovat a dám mu to poznat."* Z tohoto důvodu nám 1 Janův 3:21 říká: *„Moji milí, jestliže nás srdce neobviňuje, máme svobodný přístup k Bohu."* Jinými slovy, pokud byla vytvořena hradba z hříchů kvůli naší neposlušnosti Božím přikázáním, nemůžeme dostávat Boží odpovědi na naše modlitby. Pouze když Boží děti poslouchají přikázání svého Otce a dělají, co se mu líbí, mohou ho s důvěrou požádat o cokoliv, po čem touží a dostat, oč požádají.

1 Janův 3:24 nám připomíná: *„Kdo zachovává jeho přikázání, zůstává v Bohu a Bůh v něm; že v nás zůstává, poznáváme podle toho, že nám dal svého Ducha."* Zdůrazňuje, že pouze když je naše srdce naplněno pravdou tak, že dáváme Pánu celé své srdce a žijeme pod vedením Ducha svatého, můžeme dostat všechno, oč požádáme, a náš život bude v každém ohledu úspěšný.

Například, kdyby bylo v lidském srdci sto pokojů, a my bychom dali všech sto Pánu, naší duši se bude dobře dařit a dostaneme požehnání v podobě toho, že se nám ve všem dobře povede. Kdybychom však dali Pánu padesát pokojů ve svém srdci a zbylých padesát využívali sami podle svých potřeb, nedostali bychom vždy Boží odpovědi, protože by se nám dostávalo vedení Duchem svatým jen polovinu času, zatímco bychom využívali další polovinu času k tomu, abychom žádali Boha ve svých myšlenkách nebo v souladu s žádostivými touhami svého těla. Protože náš Pán přebývá v každém z nás, tak třebaže před námi existuje překážka, on nás posiluje k tomu, abychom ji obešli nebo přeběhli. Třebaže kráčíme údolím stínů, Bůh nám dá způsob, jak se mu vyhnout, působí pro dobro všeho a vede naše cesty, aby se nám dařilo.

Když se zalíbíme Bohu tím, že posloucháme jeho přikázání, žijeme v Bohu a Bůh žije v nás a my mu můžeme vzdát slávu, protože dostáváme všechno, oč v modlitbě požádáme. Pojďme zničit hradbu z hříchů neposlušnosti Božích přikázání, začněme je poslouchat, důvěřujme Bohu a vzdejme mu slávu tím, že dostaneme, oč požádáme.

4. Zničte hradbu z hříchů modliteb za uspokojení vašich tužeb

Bůh nám říká, že máme všechno v životě dělat k Boží slávě (1 Korintským 10:31). Pokud se modlíme za cokoliv s výjimkou Boží slávy, jde nám o naplnění našich tužeb a vášní těla a nemůžeme na takové prosby dostat Boží odpovědi (Jakubův 4:3). Na jednu stranu, pokud usilujete o materiální požehnání pro Boží království a jeho spravedlnost, úlevu chudým a snažíte se o spasení duší, dostanete od Boha odpovědi, protože ve skutečnosti usilujete o Boží slávu. Na druhou stranu, pokud usilujete o materiální požehnání v naději vychloubání se před bratrem, který vás kárá: „Jak můžeš být chudý, když patříš do církve?", tak se ve skutečnosti modlíte v souladu se zlem, abyste uspokojili své tužby, a na vaše modlitby nepřijdou žádné odpovědi. Ani na tomto světě nedají rodiče svému dítěti, které opravdu milují, 2000 Kč na to, aby je utratilo v herně. Ze stejného důvodu Bůh nechce, aby se jeho děti hnaly špatnou cestou, a z tohoto důvodu neodpovídá na každou prosbu, kterou jeho děti mají.

1 Janův 5:14-15 nám říká: *„Máme v něho pevnou důvěru, že nás slyší, kdykoliv o něco požádáme ve shodě s jeho vůlí. A víme-li, že nás slyší, kdykoliv o něco žádáme, pak také víme, že to, co máme, jsme dostali od něho."* Pouze když odhodíme své tužby a modlíme se podle Boží vůle a za jeho slávu, dostaneme cokoliv, oč v modlitbě požádáme.

5. Zničte hradbu z hříchů pochybovačných modliteb

Protože Bohu se líbí, když mu ukazujeme svou víru, bez víry je nemožné zalíbit se Bohu (Židům 11:6). I v Bibli můžeme najít mnoho příkladů, ve kterých si Boží odpovědi našly svou cestu k lidem, kteří mu ukázali svou víru (Matouš 20:29-34; Marek 5:22-

43, 9:17-27, 10:46-52). Když lidé nedokázali projevit svou víru v Boha, byli pokáráni za svou „malou víru", třebaže byli Ježíšovými učedníky (Matouš 8:23-27). Když lidé projevili Bohu svou velikou víru v něho, i pohané byli pochváleni (Matouš 15:28).

Bůh napomíná ty, kteří nedokážou věřit, ale spíše pochybují (Marek 9:16-29) a říká nám, že pokud v sobě máme jen kousek pochybnosti, zatímco se modlíme, ať si nemyslíme, že od Pána něco dostaneme (Jakubův 1:6-7). Jinými slovy, třebaže se celou noc postíme a modlíme, tak pokud je naše modlitba naplněna pochybnostmi, neměli bychom ani očekávat, že nám Bůh odpoví.

Navíc, Bůh nám připomíná: *„Amen, pravím vám, že kdo řekne této hoře: ,Zdvihni se a vrhni do moře' – a nebude pochybovat, ale bude věřit, že se stane, co říká, bude to mít. Proto vám pravím: Věřte, že všecko, oč v modlitbě poprosíte, je vám dáno a budete to mít"* (Marek 11:23-24).

Protože *„Bůh není člověk, aby lhal, ani lidský syn, aby litoval"* (Numeri 23:19), tak jak Bůh zaslíbil, opravdu odpovídá na modlitby všech těch, kteří věří a žádají o jeho slávu. Lidé, kteří milují Boha a mají víru, musejí věřit a hledat Boží slávu a to je důvod, proč je jim řečeno, aby žádali o cokoliv, co si přejí. Protože věří, žádají a dostávají odpovědi na cokoliv, oč požádají, mohou tito lidé vzdát Bohu slávu. Zbavme se pochybností a jen věřme, žádejme a dostávejme od Boha, takže mu budeme moci vzdát slávu z celého svého srdce.

6. Zničte hradbu z hříchů nezasévání před Bohem

Jako Vládce všeho ve vesmíru Bůh založil zákon duchovního světa a jako spravedlivý soudce všechno vede ve spořádaném stylu. Král Darjaveš nemohl zachránit svého milovaného služebníka Daniela ze lví jámy, protože třebaže byl král, nemohl neposlechnout výnos, který sám vydal. Podobně, protože Bůh nemůže neuposlechnout zákon duchovního světa, který on sám ustanovil, všechno ve vesmíru běží systematicky pod jeho dohledem. Proto: „Bohu se nikdo nebude posmívat" a Bůh nechává člověka sklízet, co zasel (Galatským 6:7). Pokud někdo zaseje modlitbu, dostane se mu duchovního požehnání; pokud někdo zaseje svůj čas, dostane se mu požehnání v podobě dobrého zdraví; pokud někdo zaseje finanční dary, Bůh ho ochrání od problémů v jeho podnikání, práci a doma a dá mu ještě větší materiální požehnání.

Když zaséváme před Bohem různými způsoby, Bůh odpovídá na naše modlitby a dává nám cokoliv, oč požádáme. Horlivým zaséváním před Bohem nesme nejenom hojné ovoce, ale také získejme cokoliv, oč Boha v modlitbě požádáme.

Kromě šesti hradeb hříchů zmíněných výše „hřích" zahrnuje takové touhy a skutky těla jako nepravost, závist, vztek, hněv a pýchu, neschopnost bojovat proti hříchům až do prolití krve a neschopnost horlit pro Boží království. Tím, že se dozvíme o různých faktorech, které vytvářejí hradbu stojící mezi Bohem a námi a pochopíme je, zničme hradbu z hříchů a vždy dostávejme Boží odpovědi, čímž vzdáme Bohu slávu. Všichni z nás by se měli stát věřícími, kteří se budou těšit dobrému zdraví, a každá záležitost v jejich životě se bude ubírat dobrým směrem stejně, jako se bude dobře dařit i jejich duši.

Na základě Božího slova nalezeného v Izajáši 59:1-2 jsme prozkoumali množství faktorů, které vytvářejí zeď stojící mezi Bohem a námi. Kéž se stane každý z vás požehnaným Božím dítětem, které nejprve porozumí povaze této hradby, bude se těšit dobrému zdraví a uspěje v každé věci stejně, jako se bude dařit jeho duši a vzdá slávu svému nebeskému Otci tím, že dostane všechno, oč v modlitbě požádá. Takto se modlím ve jménu našeho Pána Ježíše Krista!

Kapitola 5

Sklidíte, co zasejete

„Vždyť kdo skoupě rozsévá,
bude také skoupě sklízet,
a kdo štědře rozsévá, bude také štědře sklízet.
Každý ať dává podle toho, jak se ve svém srdci předem rozhodl,
ne s nechutí ani z donucení;
vždyť, radostného dárce miluje Bůh."

2. Korintským 9:6-7

Každý podzim můžeme na poli vidět záplavu zlatých vln rostlin zralé rýže. Víme, že aby se mohly tyto rýžové rostliny sklidit, stojí za tím veliká dřina a obětavost farmářů od zasazení semínek přes hnojení pole po pečování o rostliny po celé jaro a léto.

Farmář, který má rozlehlé pole a zasévá více semínek, se nadře více než ten, který zaseje semínek méně. Avšak v naději sklizně velké úrody pracuje o to pilněji a namáhavěji. Zrovna jako zákon přírody předepisuje, že „Co člověk zaseje, to také sklidí", měli bychom vědět, že zákon Boha, který je Vlastníkem duchovního světa, se drží stejného modelu.

Mezi dnešními křesťany někteří stále žádají Boha, aby naplnil jejich touhy, aniž by zaseli, zatímco jiní si stěžují na nedostatek Božích odpovědí navzdory mnoha modlitbám. Ačkoliv Bůh chce dát svým dětem přehojné požehnání a odpovědět na každý z jejich problémů, lidé často nerozumí zákonu rozsévání a sklízení a tudíž nedostanou, po čem od Boha touží.

Na základě zákona přírody, který nám říká: „Co člověk zaseje, to také sklidí," pojďme zjistit, co máme zasít a jak to máme zasít, abychom mohli od Boha vždy dostávat odpovědi a vzdát mu bez výhrad slávu.

1. Půda musí být nejprve obdělána

Před zaséváním musí farmář nejprve obdělat půdu, na které

chce pracovat. Vybere kameny, srovná zemi do roviny a vytvoří prostředí a podmínky, ve kterých mohou semínka řádně růst. Podle farmářovy obětavosti a dřiny se může i pustá země proměnit v úrodnou půdu.

Bible přirovnává srdce každého člověka k půdě a člení ji do čtyř různých typů (Matouš 13:3-9).

První typ je „půda podél cesty."
Země půdy podél cesty je tvrdá. Jedinec s takovým srdcem navštěvuje církev, ale i potom, co slyší slovo, neotevírá dveře ke svému srdci. Proto nemůže poznat Boha a kvůli nedostatku víry nemůže být osvícen.

Druhý typ je „skalnatá půda."
Na této skalnaté půdě kvůli kamení nemohou řádně rašit pupeny. Jedinec takového srdce zná slovo pouze ve formě vědomosti a jeho víra není doprovázená skutky. Kvůli nedostatku jistoty ve víře rychle odpadá v dobách zkoušek a utrpení.

Třetí typ je „trnitá půda."
V této trnité půdě nelze kvůli tomu, že trny vzrostou a udusí rostliny, sklízet dobré ovoce. Jedinec takového srdce věří v Boží slovo a snaží se podle něj žít. Nejedná však podle Boží vůle, ale v souladu s touhami těla. Protože růst slova zasetého v jeho srdci je narušován vábením majetku a zisku nebo starostmi tohoto světa, nemůže nést ovoce. I když se modlí, není schopen spoléhat na „neviditelného" Boha a tudíž do toho zahrne své

vlastní myšlenky a cesty. Nezakusí Boží moc, protože Bůh může takového člověka pouze sledovat zdáli.

Čtvrtý typ je „dobrá země."

Věřící s touto dobrou půdou pouze říká „Amen" na cokoliv, co je Božím slovem a zachovává ho s vírou, aniž by do něho vnesl jakékoli své myšlenky nebo vypočítavost. Když jsou semínka zaseta do dobré země, dobře vzrostou a nesou ovoce stonásobně, šedesátinásobně nebo třicetinásobně toho, co bylo zaseto.

Ježíš pouze říkal: „Amen" a byl věrný Božímu slovu (Filipským 2:5-8). Podobně je jedinec se srdcem typu „dobrá země" bezpodmínečně věrný Božímu slovu a žije podle něho. Pokud mu Boží slovo říká, aby se vždy radoval, za všech okolností se raduje. Pokud mu Boží slovo říká, aby se ustavičně modlil, nepřetržitě se modlí. Člověk, který má srdce typu „dobrá země" může vždy komunikovat s Bohem, dostane cokoliv, oč v modlitbě požádá a žije podle Boží vůle.

Bez ohledu na to, jakou půdu můžeme prozatím mít, vždy ji můžeme změnit v dobrou zemi. Můžeme zorávat kamenitou půdu a sbírat kameny, odstraňovat trní a zúrodňovat jakoukoli půdu.

Jak tedy můžeme tříbit své srdce v „dobrou zemi"?

Za prvé, musíme chválit Boha v duchu a v pravdě. Musíme dát Bohu celou naši mysl, vůli, oddanost a sílu a v lásce mu obětovat své srdce. Až poté budeme v bezpečí před zahálčivými myšlenkami, únavou a ospalostí a budeme moci proměnit své srdce v dobrou zemi mocí, která přichází shůry.

Za druhé, musíme odhodit své hříchy až do prolití krve.

Zatímco naplno zachováváme celé Boží slovo včetně všech nařízení typu „Dělejte toto" a „Nedělejte tamto" a žijeme podle něj, naše srdce se postupně mění v dobrou zemi. Například, když se objeví závist, žárlivost, nenávist a podobně, může se naše srdce změnit v dobrou zemi pouze horlivými modlitbami.

O co více zkoumáme půdu svého srdce a horlivě ji tříbíme, o to více roste naše víra a v Boží lásce se každá naše záležitost ubírá dobrou cestou. Musíme horlivě obdělávat naši půdu, protože čím více žijeme podle Božího slova, tím více naše duchovní víra roste. Čím více naše duchovní víra roste, tím více máme půdu typu „dobrá země." Kvůli tomu musíme tříbit své srdce o to horlivěji.

2. Musí být zaseta různá semena

Jakmile je země obdělána, farmář začíná zasévat semena. Zrovna jako v rovnováze přijímáme různé druhy jídla, abychom udrželi své zdraví, farmář zasévá a pěstuje taková různá semena jako rýže, pšenice, zelenina, fazole a podobně.

Když zaséváme před Bohem, máme zasévat mnoho různých věcí. „Zasévání" se v duchovním významu vztahuje na uposlechnutí, mezi Božími nařízeními toho, co nám Bůh říká, že máme „Dělat." Například, pokud nám Bůh říká, abychom se vždy radovali, můžeme zasévat naši radost, která pramení z našich nadějí pro nebe a touto radostí je Bůh potěšen a dává nám touhy našeho srdce (Žalm 37:4). Jestliže nám říká: „Hlásejte evangelium," musíme horlivě šířit Boží slovo. Pokud nám říká: „Milujte se navzájem," „Buďte věrní," „Buďte vděční" a „Modlete se," měli bychom dělat přesně a horlivě to, co nám bylo řečeno.

Kromě toho, protože život podle Božího slova v podobě dávání desátků a dodržování dne odpočinku je jednáním zasévání před Bohem, tak to co zasejeme, může pučet, dobře růst, rozkvést a nést hojné ovoce.

Pokud zaséváme skoupě, neochotně nebo z donucení, Bůh naši snahu nepřijme. Zrovna jako farmář zasévá na podzim svá semínka v naději dobré sklizně, vírou musíme rovněž věřit a upnout své oči na Boha, který nám požehná stonásobně, šedesátinásobně nebo třicetinásobně toho, co bylo zaseto.

Židům 11:6 nám říká: *„Bez víry však není možné zalíbit se Bohu. Kdo k němu přistupuje, musí věřit, že Bůh jest a že se odměňuje těm, kdo ho hledají."* Když vložíme naši důvěru v Boží slovo, podíváme se na našeho Boha, který odměňuje, a zasejeme před ním, můžeme na tomto světě hojně sklízet a ukládat naše odměny v nebeském království.

3. Půda musí být opečovávána s vytrvalostí a obětavostí

Po zasetí semínek farmář pečuje o půdu s největší péčí. Zalévá rostlinky, zbavuje je plevele a chytá brouky. Bez takovéhoto vytrvalého úsilí by rostlinky vyrostly, ale zvadly a zemřely dříve, než by nesly ovoce.

V duchovním významu se „voda" vztahuje na Boží slovo. Jak nám Ježíš říká v Janovi 4:14: *„Kdo by se však napil vody, kterou mu dám já, nebude žíznit navěky. Voda, kterou mu dám, stane se v něm pramenem, vyvěrajícím k životu věčnému,"* voda symbolizuje věčný život a pravdu. „Chytání brouků" se vztahuje na střežení Božího slova zasazeného do půdy našeho srdce před nepřítelem ďáblem. Tím, že naše srdce naplníme uctíváním, chválami a modlitbami, můžeme půdu udržovat, třebaže nepřítel ďábel přichází zasáhnout do naší práce na poli.

„Vyplevelení půdy" je proces, ve kterém odkládáme takové nepravdy jako vztek, nenávist a podobně. Když se horlivě modlíme a usilujeme o to odhodit vztek a nenávist, vztek je vykořeněn, zatímco vyráží semínko pokory a nenávist je vykořeněna, zatímco vyráží semínko lásky. Když se nepravdy vyplevelí a zasahující nepřítel ďábel je chycen, můžeme vyrůst jako skutečné Boží děti.

Důležitým faktorem v péči o půdu po zasetí semínek je vytrvalé čekání na správný čas. Pokud farmář zrývá zemi brzy potom, co zaseje semínka, aby viděl, zda jeho rostlinky rostou nebo ne, semínka mohou snadno shnít. Než dojde ke sklizni,

vyžaduje to velikou obětavost a péči.
Čas nezbytný k nesení ovoce se semínko od semínka liší. Zatímco meloun nebo vodní meloun může nést ovoce za méně než jeden rok, jabloně a hrušně potřebují několik let. Radost pěstitele ženšenu bude mnohonásobně větší než pěstitele vodního melounu, protože hodnota ženšenu, který byl pěstován roky, se nedá srovnat s hodnotou vodního melounu, který vyrostl za mnohem kratší časové období.

Ze stejného důvodu, když zaséváme před Bohem podle jeho Slova, někdy můžeme dostat jeho odpovědi hned a sklízet ovoce, ale jindy je zapotřebí více času. Jak nám připomíná Galatským 6:9: *„V konání dobra neumdlévejme; neochabneme-li, budeme sklízet v ustanovený čas,"* do doby sklizně musíme pečovat o naši půdu s vytrvalostí a obětavostí.

4. Sklidíte, co zasejete

V Janovi 12:24 nám Ježíš říká: *„Amen, amen, pravím vám, jestliže pšeničné zrno nepadne do země a nezemře, zůstane samo. Zemře-li však, vydá mnohý užitek."* Podle svého zákona Bůh spravedlnosti zasadil svého jediného Syna Ježíše Krista jako oběť usmíření lidstva a nechal ho stát se jádrem pšenice, padnout a zemřít. Svou smrtí Ježíš vytvořil mnoho ovoce.

Zákonem duchovního světa je, podobně jako zákona přírody, který přikazuje: „Sklidíte, co zasejete," Boží zákon, který nemůže být porušen. Galatským 6:7-8 nám jednoznačně říká: *„Neklamte* *se, Bohu se nikdo nebude posmívat. Co člověk zaseje, to také sklidí. Kdo zasévá pro své sobectví, sklidí zánik, kdo však zasévá pro Ducha, sklidí život věčný."*

Když farmář zasévá semínka do své půdy, tak v závislosti na druhu semínek může sklízet některou úrodu dříve než jinou a pokračuje v zasévání, zatímco sklízí. Čím více farmář zasévá a horlivěji pečuje o půdu, tím větší úrodu bude sklízet. Ze stejného důvodu i v našem vztahu s Bohem sklízíme, co jsme zaseli.

Pokud zasévate modlitbu a chválu, tak z moci shůry dokážete žít podle Božího slova, zatímco se vaší duši dobře daří. Jestliže věrně pracujete pro Boží království, všechny nemoci vás opustí, protože se vám dostane požehnání na těle i na duchu. Pokud horlivě zasévate svůj materiální majetek, desátky a finanční dary díků, Bůh vás obdaří větším materiálním požehnáním, kterým vás zmocní k tomu, abyste ho použili pro jeho království a spravedlnost.

Náš Pán, který odměňuje každého člověka podle toho, co udělal, nám v Janovi 5:29 říká: *„A vyjdou; ti, kdo činili dobré, vstanou k životu, a ti, kdo činili zlé, vstanou k odsouzení."* Tudíž musíme žít podle Ducha svatého a konat v našich životech dobro.

Pokud někdo nezasévá pro Ducha svatého, ale pro své vlastní touhy, může sklízet pouze věci tohoto světa, které nakonec zaniknou. Pokud měříte a soudíte druhé, budete také změřeni a souzeni podle Božího slova, které říká: *„Nesuďte, abyste nebyli souzeni. Neboť jakým soudem soudíte, takovým budete souzeni, a jakou měrou měříte, takovou Bůh naměří vám"*

(Matouš 7:1-2).
Bůh nám odpustil všechny hříchy, kterých jsme se dopustili předtím, než jsme přijali Ježíše Krista. Pokud se však dopouštíme hříchů potom, co jsme poznali pravdu a dozvěděli se o hříchu, tak i když nám je odpuštěno díky pokání, dostane se nám odplaty.

Jestliže jste zaseli hřích, tak podle zákona duchovního světa sklidíte ovoce svého hříchu a budete čelit dobám zkoušek a utrpení.

Když Bohem milovaný David zhřešil, Bůh mu řekl: „*Proč jsi pohrdl Hospodinovým slovem a dopustil ses toho, co je v jeho očích zlé?*" a „*Hle, já způsobím, aby proti tobě povstalo zlo z tvého domu*" (2 Samuelova 12:9; 11). Zatímco byly Davidovi odpuštěny hříchy, když činil pokání: „Zhřešil jsem proti Hospodinu," víme také, že Bůh zasáhl dítě, které Davidovi porodila Urijášova žena (2 Samuelova 12:13-15).

Měli bychom žít podle pravdy a konat dobro, pamatovat na to, že ve všem sklidíme, co zasejeme, zasévat pro Ducha svatého, dostat věčný život od Ducha svatého a vždy dostávat Boží přehojné požehnání.

V Bibli existuje mnoho jedinců, kteří se zalíbili Bohu, a následně se jim dostalo hojného požehnání. Protože se žena v Šúnemu vždy starala o Elíšu, muže Božího, s nejvyšší úctou a zdvořilostí, on pobýval v jejím domě, kdykoliv přišel do této oblasti. Potom, co se svým manželem probrala přípravu pokoje pro hosty pro Elíšu, žena připravila pokoj pro proroka a umístila do něj postel, stůl, stoličku a svícen a přiměla Elíšu, aby v jejím domě pobýval (2 Královská 4:8-10).

Elíša byl velmi pohnut ženinou oddaností. Když zjistil, že je její manžel starý a jsou bezdětní a že je ženiným velikým přáním mít vlastní dítě, Elíša prosil Boha za to, aby ženě požehnal narozením dítěte a Bůh jí dal o rok později syna (2 Královská 4:11-17).

Jak nám Bůh zaslibuje v Žalmu 37:4: *„Hledej blaho v Hospodinu, dá ti vše, oč požádá tvé srdce,"* ženě v Šúnemu byly dány touhy jejího srdce, protože se starala o Božího služebníka s péčí a obětavostí (2 Královská 4:8-17).

Ve Skutcích 9:36-40 je záznam o ženě v Joppe jménem Tabita, která oplývala skutky laskavosti a dobročinnosti. Když onemocněla a zemřela, učedníci přinesli zprávy Petrovi. Když dorazil na scénu, obklopily ho s pláčem všechny vdovy, ukazovaly Petrovi košile a pláště, které jim Tabita šila a žádali ho, aby ji přivedl zpět k životu. Petr byl hluboce pohnut gesty žen a naléhavě se modlil k Bohu. Když řekl: „Tabito, vstaň!," otevřela oči a zvedla se. Protože Tabita před Bohem zasela dobré skutky a pomoc nuzným, mohla obdržet požehnání v podobě prodloužení života.

V Markovi 12:44 je záznam o chudé vdově, která dala Bohu své všechno. Ježíš, který sledoval zástup, jak dává finanční dary v chrámu, řekl učedníkům: *„Všichni totiž dávali ze svého nadbytku, ona však ze svého nedostatku: dala, co měla, všechno, z čeho měla být živa"* a chválil ji. Není obtížné uhodnout, že ženě se později v jejím životě dostalo velkého požehnání.

Podle zákona duchovního světa nám Bůh spravedlnosti umožňuje sklízet, co jsme zaseli a odměňuje nás podle toho, co každý z nás vykonal. Protože Bůh působí podle víry každého jedince, jak moc věří v Boží slovo a zachovává ho, měli bychom rozumět, že můžeme dostat cokoliv, oč v modlitbě požádáme. S tímto na mysli kéž každý z vás zkoumá své srdce, horlivě ho tříbí v dobrou zemi, zasévá mnoho semínek, pečuje o ně s vytrvalostí a obětavostí a nese hojné ovoce. Takto se modlím ve jménu Pána Ježíše Krista!

Kapitola 6

Eliáš dostává Boží odpověď
v podobě ohně

Poté řekl Elijáš Achabovi:
„Vystup vzhůru, jez a pij. Je slyšet hukot deště!"
Achab tedy vystoupil vzhůru, aby jedl a pil.
Elijáš mezitím vystoupil na vrchol Karmelu,
sehnul se k zemi a vtiskl si tvář mezi kolena.
Pak řekl svému mládenci: „Vystup a pohleď směrem k moři."
On vystoupil, pohleděl a řekl: „Nic tam není."
Elijáš pravil: „Opakuj to sedmkrát."
Když to bylo posedmé, řekl:
„Hle, z moře vystupuje mráček malý jako lidská dlaň."
Elijáš mu řekl: „Vystup vzhůru a vyřiď Achabovi:
‚Zapřáhni a jeď dolů, ať tě nestihne déšť!'"
A vtom už k tomu došlo. Nebe se zachmuřilo,
vítr přihnal mraky a spustil se silný déšť.
Achab dal zapřáhnout a jel do Jizreelu.

1 Královská 18:41-45

Mocný Boží služebník Elijáš dokázal svědčit o živém Bohu a umožnil Izraelitům chválícím modly činit pokání z jejich hříchů pomocí Boží odpovědi v podobě ohně, o kterou žádal a dostal ji. Kromě toho, když nebyl v zemi déšť po tři a půl roku kvůli Božímu hněvu na Izraelity, byl to Elijáš, kdo vykonal zázrak v podobě ukončení sucha a příchodu prudkého deště.

Pokud věříme v živého Boha, musíme v našich životech rovněž dostat Boží odpověď v podobě ohně jako Elijáš, svědčit o Bohu a vzdát mu slávu.

Prozkoumáním Elijášovy víry, jejíž pomocí dostal Boží odpověď v podobě ohně a viděl na vlastní oči naplnění tužeb svého srdce, se rovněž staňme požehnanými Božími dětmi, které vždy dostanou od svého Otce odpovědi v podobě ohně.

1. Víra Elijáše, Božího služebníka

Jako Boží vyvolení měli Izraelité uctívat Boha samotného, ale jejich králové se začali dopouštět toho, co je zlé v Božích očích a uctívat modly. Od doby, kdy na trůn nastoupil Achab, se izraelský lid začal dopouštět ještě většího zla a uctívání model dosáhlo svého vrcholu. V tomto bodě se Boží hněv proti Izraeli proměnil v pohromu spočívající v tři a půl roku trvajícím suchu. Bůh ustanovil Elijáše jako svého služebníka a skrze něho projevoval své působení.

Bůh řekl Elijášovi: *„Jdi a ukaž se Achabovi, chci dát zemi déšť"* (1 Královská 18:1).

Mojžíš, který vyvedl Izraelity z Egypta, nejprve Boha neposlechl, když mu nařídil předstoupit před faraóna. Když bylo Samuelovi řečeno, aby pomazal Davida, prorok zpočátku Boha také neposlechl. Nicméně když Bůh řekl Elijášovi, aby šel a ukázal se Achabovi, samotnému králi, který se ho pokoušel zabít po tři roky, tento prorok Boha bezpodmínečně poslechl a ukázal mu takovou víru, která se Bohu líbila.

Protože Elijáš poslechl a věřil ve všechno, co bylo Božím slovem, mohl Bůh skrze proroka projevovat své skutky znovu a znovu. Bohu se líbila Elijášova poslušná víra, miloval ho, uznával ho jako svého služebníka, doprovázel ho, kamkoliv šel a přiznával se ke každému jeho úsilí. Protože se Bůh přiznal k Elijášově víře, mohl Elijáš vzkřísit mrtvé, dostat Boží odpověď v podobě ohně a být vzat ve vichru vzhůru do nebe. Ačkoliv existuje pouze jediný Bůh, který sedí na svém nebeském trůnu, všemohoucí Bůh může dohlížet na všechno ve vesmíru a umožnit, aby se konalo jeho dílo, kdekoliv je přítomný. Jak vidíme v Markovi 16:20: *„Oni pak vyšli, všude kázali; a Pán s nimi působil a jejich slovo potvrzoval znameními,"* když jedince a jeho víru rozpoznává a potvrzuje Bůh, doprovázejí ho zázraky a Boží odpovědi na modlitby jako důkaz projevů Božího působení.

2. Elijáš dostává Boží odpověď v podobě ohně

Protože byla Elijášova víra veliká a on byl dostatečně poslušný na to, aby byl hoden Božího uznání, mohl prorok statečně prorokovat blížící se sucho v Izraeli.

Mohl ke králi Achabovi prohlásit: *"Jakože živ je Hospodin, Bůh Izraele, v jehož jsem službách, v těchto letech nebude rosa ani déšť, leč na mé slovo"* (1 Královská 17:1). Protože Bůh již věděl, že Achab ohrozí život Elijáše, který prorokoval sucho, zavedl proroka k potoku Kerítu, pověděl mu, aby zde chvíli zůstal a nařídil havranům, aby ho zaopatřovali chlebem a masem ráno i večer. Když potok Kerít vyschl z nedostatku deště, Bůh zavedl Elijáše do Sarepty a přikázal zdejší vdově, aby ho zaopatřila jídlem.

Když syn vdovy onemocněl a dařilo se mu hůře a hůře až nakonec zemřel, Elijáš volal v modlitbě k Bohu: *"Hospodine, můj Bože, ať se prosím vrátí do tohoto dítěte život!"* (1 Královská 17:21)

Bůh vyslyšel Elijášovu modlitbu, přivedl chlapce zpět k životu a nechal ho žít. Skrze tuto událost Bůh prokázal, že Elijáš je Boží muž a že Boží slovo v jeho ústech je pravdivé (1 Královská 17:24).

Lidé naší generace žijí v době, kdy nedokážou uvěřit v Boha, dokud neuvidí zázračná znamení a zázraky (Jan 4:48). Abychom dnes mohli svědčit o živém Bohu, musí být každý z nás vyzbrojen takovou vírou, jakou měl Elijáš a chopit se statečného šíření evangelia.

Ve třetím roce proroctví, ve kterém řekl Elijáš Achabovi: *"V těchto letech nebude rosa ani déšť, leč na mé slovo,"* Bůh řekl svému prorokovi: *"Jdi a ukaž se Achabovi, chci dát zemi déšť"* (1 Královská 18:1). V Lukášovi 4:25 najdeme slova *"za dnů*

Eliášových, kdy se zavřelo nebe na tři a půl roku a na celou zemi přišel veliký hlad." Jinými slovy, v Izraeli nezapršelo po tři a půl roku. Dříve než Elijáš přišel k Achabovi, král proroka marně hledal dokonce i v sousedních zemích, protože věřil, že Elijáš je vinen za tři a půl roku trvající sucho.

Třebaže měl být Elijáš usmrcen v momentě, kdy předstoupil před Achaba, statečně poslechl Boží slovo. Když se Elijáš postavil před Achaba, král se ho zeptal: *„Jsi to ty, jenž uvádíš do zkázy Izraele?"* (1 Královská 18:17) Na to Elijáš odpověděl: *„Izraele neuvádím do zkázy já, ale ty a dům tvého otce tím, že opouštíte Hospodinova přikázání a ty že chodíš za baaly"* (1 Královská 18:18). Vyslovil Boží vůli a nikdy se nebál. Elijáš šel ještě dál a řekl Achabovi: *„Ale nyní zařiď, ať se ke mně shromáždí na horu Karmel celý Izrael i čtyři sta padesát Baalových proroků a čtyři sta proroků Ašéřiných, kteří jedí u stolu s Jezábelou"* (1 Královská 18:19).

Protože si byl Elijáš dobře vědom, že na Izrael přišlo sucho kvůli tomu, že jeho lid uctíval modly, usiloval o boj s 850 proroky model a prohlásil: *„Bůh, který odpoví ohněm, ten je Bůh"* (1 Královská 18:25). Protože Elijáš věřil v Boha, prorok ukázal Bohu víru, kterou věřil, že mu Bůh odpoví ohněm.

Potom řekl baalovým prorokům: *„Vyberte si jednoho býka a připravte ho první, protože vás je víc. Potom vzývejte jména svých bohů, ale oheň nezakládejte!"* (1 Královská 18:25) Když baalovi proroci nedostali žádnou odpověď od rána do večera, Elijáš se jim posmíval.

Elijáš věřil, že mu Bůh odpoví ohněm, radostně nařídil

Izraelitům, aby postavili oltář a polili vodou zápalnou oběť a dříví a modlili se k Bohu.

> *Odpověz mi, Hospodine! Odpověz mi, ať pozná tento lid, že ty, Hospodine, jsi Bůh. Ty sám obrať jejich srdce zpět k sobě* (1 Královská 18:37).

A tak spadl Hospodinův oheň a pozřel zápalnou oběť i dříví, kameny i prsť, a vodu z příkopu vypil. Když to všechen lid uviděl, padli na tvář a volali: *„Jen Hospodin je Bůh! Jen Hospodin je Bůh!"* (1 Královská 18:38-39)

To všechno bylo možné, protože Elijáš ani trochu nepochyboval, když prosil Boha (Jakubův 1:6) a věřil, že už dostal, oč v modlitbě požádal (Marek 11:24).

Proč Elijáš nařídil, aby se oběť polila vodou a potom se modlil? Protože sucho trvalo tři a půl roku, nejvíc nedostatková a nejvzácnější ze všech nezbytností v té době byla voda. Naplněním čtyř džbánů vodou a vylitím vody na oběť tři krát (1 Královská 18:33-34) Elijáš ukázal Bohu svou víru a dal mu, co bylo pro něho samotného nejvzácnější. Bůh, který miluje radostného dárce (2 Korintským 9:7), pak nejenom že nechal Elijáše sklidit, co zasel, ale dal prorokovi svou odpověď v podobě ohně a dokázal všem Izraelitům, že jejich Bůh je opravdu živý.

Přitom jak jdeme v Elijášových stopách a ukazujeme Bohu naši víru, dáváme mu naši nejvzácnější věc a připravujeme se, abychom dostali jeho odpovědi na naše modlitby, můžeme jeho odpověďmi v podobě ohně svědčit všem lidem o živém Bohu.

3. Elijáš přivolává silný déšť

Potom, co představil živého Boha Izraelitům skrze Boží odpověď ohněm a přiměl Izraelity uctívající modly k pokání, Elijáš nezapomněl na přísahu, kterou učinil Achabovi – *"Jakože živ je Hospodin, Bůh Izraele, v jehož jsem službách, v těchto letech nebude rosa ani déšť, leč na mé slovo"* (1 Královská 17:1). Řekl králi: *"Vystup vzhůru, jez a pij. Je slyšet hukot deště!"* (1 Královská 18:41) a vystoupil na vrchol Karmelu. Učinil tak, aby naplnil Boží slovo: „Chci dát zemi déšť," a dostal Boží odpověď.

Jakmile byl na vrcholu Karmelu, sehnul se Elijáš k zemi a vtiskl si tvář mezi kolena. Proč se Elijáš modlil takovýmto způsobem? Elijáš byl velmi sklíčený, zatímco se modlil.

Prostřednictvím tohoto obrazu můžeme předpokládat, jak naléhavě Elijáš volal k Bohu z celého svého srdce. Navíc, dokud neviděl Boží odpověď na vlastní oči, nepřestal se Elijáš modlit. Prorok nařídil svému služebníku, aby upřel svůj pohled směrem k moři a dokud služebník neuviděl mráček malý jako lidská dlaň, Elijáš se takto modlil sedmkrát. To bylo víc než dost na to, aby udělal na Boha dojem a on pohnul svým nebeským trůnem. Protože Elijáš přivolal déšť po třech a půl letech sucha, lze předpokládat, že jeho modlitba byla mimořádně mocná.

Když Elijáš dostal Boží odpověď v podobě ohně, stvrdil svými ústy, že Bůh bude pro něho konat, třebaže o tom Bůh nemluvil; to stejné udělal, když přivolal déšť. Potom, co uviděl mráček malý jako lidská dlaň, prorok poslal Achabovi slovo: *"Zapřáhni a jeď dolů, ať tě nestihne déšť!"* (1 Královská 18:44). Protože měl Elijáš víru, kterou dokázal stvrdit svými ústy, i když ještě nic neviděl (Židům 11:1), Bůh mohl konat podle prorokovy víry a opravdu podle Elijášovy víry se za chvíli nebe zachmuřilo černými mraky, přihnal se vítr a spustil se silný déšť (1 Královská 18:45).

Musíme věřit, že Bůh, který dal Elijášovi svou odpověď v podobě ohně a dlouho očekávaného deště po suchu, které trvalo tři roky a šest měsíců, je stejný Bůh, který odhání naše zkoušky a utrpení, dává nám touhy našeho srdce a dává nám úžasné požehnání.

Jsem si jistý, že už jste si uvědomili, že abyste dostali Boží odpověď v podobě ohně, vzdali Bohu slávu a naplnili touhy svého srdce, musíte mu nejprve ukázat takovou víru, která se mu bude líbit, zničit jakoukoliv hradbu z hříchů, která stojí mezi Bohem a vámi a prosit ho o cokoliv bez jakýchkoliv pochyb.

Za druhé musíte s radostí postavit před Bohem oltář, dát mu oběti a naléhavě se modlit. Za třetí, dokud nedostanete jeho odpovědi, musíte svými ústy stvrdit, že Bůh bude konat ve váš prospěch. Bůh potom bude velice potěšen a odpoví na vaše modlitby, abyste mu mohli vzdát slávu z celého svého srdce.

Náš Bůh nám odpovídá, když se k němu modlíme a předkládáme mu problémy týkající se naší duše, dětí, zdraví, práce nebo jiné záležitosti a přijímá od nás slávu. Mějme proto také neporušenou víru podobně jako Elijáš, modleme se, dokud nedostaneme Boží odpovědi a staňme se jeho požehnanými dětmi, které vždy vzdávají slávu svému Otci!

Kapitola 7

Jak naplnit touhy svého srdce

Hledej blaho v Hospodinu,
dá ti vše, oč požádá tvé srdce.

Žalm 37:4

Mnoho lidí dnes usiluje o to, aby od všemohoucího Boha dostali odpovědi na rozličné problémy. Horlivě se modlí, postí a promodlí celou noc, aby se jim dostalo uzdravení, pomoci při jejich zkrachovalém podnikání, narození vytouženého dítěte či materiálního požehnání. Naneštěstí existuje více lidí, kteří nemohou dostat Boží odpovědi a vzdát Bohu slávu než těch, kteří mohou.

Když je Bůh nevyslyší do jednoho či dvou měsíců, unaví se a říkají: „Bůh neexistuje," odvrátí se úplně od Boha a začnou uctívat modly, čímž pošpiní jeho jméno. Pokud člověk opravdu navštěvuje církev, ale nedostává se mu Boží moci ani Bohu nevzdává chválu, jak může jít o „opravdovou víru"?

Jestliže někdo vyznává, že skutečně věří v Boha, potom by jako Boží dítě měl dostávat touhy svého srdce a naplnit cokoliv, čeho usiluje dosáhnout během svého života na tomto světě. Mnozí však nenaplní touhy svého srdce, třebaže prohlašují, že věří. To proto, že sami sebe neznají. Pomocí pasáže, na které je založena tato kapitola, prozkoumejme způsoby, jakými můžeme dosáhnout tužeb svého srdce.

1. Za prvé, člověk musí zkoumat své vlastní srdce

Každý jedinec se musí ohlédnout zpátky a podívat se, zda skutečně věří ve všemohoucího Boha nebo pouze věří napůl srdce, zatímco pochybuje nebo je vychytralého srdce, které pouze hledá nějaké štěstí. Předtím než poznali Ježíše Krista, trávila většina lidí svůj život tím, že buď uctívali modly, nebo věřili jen sobě samým. V dobách velké zkoušky nebo utrpení však potom, co si uvědomí, že neštěstí, kterému čelí, se nedá vyřešit z moci člověka nebo pomocí jejich model, přemýšlejí o světě, slyší o způsobu, jakým Bůh může vyřešit jejich problémy a končí tím, že před něj předstoupí.

Místo toho, aby upřeli svůj pohled na Boží moc, lidé tohoto světa pouze přemýšlejí v pochybnostech: ‚Odpoví mi, když ho poprosím?' nebo ‚No, možná by modlitba mohla vyřešit mou krizi.' Avšak všemohoucí Bůh vládne nad historií lidstva stejně jako nad lidským životem, smrtí, prokletím a požehnáním, oživuje mrtvé a zkoumá lidské srdce, takže neodpovídá jedinci s pochybovačným srdcem (Jakubův 1:6-8).

Jestliže někdo opravdově usiluje o to, aby naplnil touhy svého srdce, musí nejprve odhodit své pochybnosti a srdce hledající štěstí a věřit, že už dostal všechno, oč všemohoucího Boha žádá v modlitbě. Až poté mu Bůh veškeré moci věnuje svou lásku a nechá ho naplnit touhy jeho srdce.

2. Za druhé, člověk musí prozkoumat svou jistotu spasení a stav své víry

V dnešní církvi mnoho věřících čelí problémům ve své víře. Je velmi zdrcující vidět překvapivě veliké množství lidí, kteří duchovně bloudí, ty, kteří kvůli své duchovní domýšlivosti nevidí, že se jejich víra ubírá špatným směrem a jiné, kteří postrádají jistotu spasení i po mnoha letech života v Kristu a službě pro něho.

Římanům 10:10 nám říká: „*Srdcem věříme k spravedlnosti a ústy vyznáváme k spasení.*" Když otevřete dveře ke svému srdci a přijmete Ježíše Krista jako svého Spasitele, tak z milosti Ducha svatého, který je vám dán shůry, dostanete autoritu jako Boží dítě. Kromě toho, když vyznáte svými ústy, že Ježíš Kristus je váš Spasitel a věříte ze svého srdce, že Bůh vzkřísil Ježíše z mrtvých, budete si jisti svým spasením.

Pokud si nejste jisti, zda jste obdrželi spasení, musí být problém ve stavu vaší víry. To proto, že pokud postrádáte jistotu toho, že Bůh je váš Otec a že jste dosáhli nebeského občanství a stali se jeho dítětem, nemůžete žít podle Otcovy vůle.

Z tohoto důvodu nám Ježíš říká: „*Ne každý, kdo mi říká 'Pane, Pane', vejde do království nebeského; ale ten, kdo činí vůli mého Otce v nebesích*" (Matouš 7:21). Jestliže vztah „Bůh Otec-syn (nebo dcera)" ještě nedošel k tomu, aby byl osobní, je pro tohoto člověka pouze přirozené nedostávat jeho odpovědi. Třebaže však tento vztah nabyl konkrétní podoby, pokud existuje něco, co je v jeho srdci špatné v Božích očích, také nemůže dostávat Boží odpovědi.

Proto, stanete-li se Božím dítětem, které má jistotu spasení a činí pokání z toho, že nežije podle Boží vůle, Bůh vyřeší každý z vašich problémů včetně nemoci, krachu podnikání, finančních problémů a ve všem bude působit pro vaše dobro.

Hledáte-li Boha kvůli problému, který máte se svým dítětem,

Bůh vám svým slovem pravdy pomůže pochopit jakékoliv problémy a záležitosti, které existují mezi vámi a vaším dítětem. Občas jsou na vině děti; častěji jsou to však rodiče, kteří jsou zodpovědní za potíže se svými dětmi. Pokud se rodiče dříve než začnou ukazovat prstem, sami nejprve odvrátí od svých mylných cest a činí z nich pokání, usilují o správnou výchovu svých dětí a svěří všechno Bohu, on jim dá moudrost a působí pro dobro jak rodičů, tak jejich dětí.

Proto, přijdete-li do církve a usilujete o to, aby vám dal Bůh odpovědi ohledně vašich problémů s dětmi, nemocemi, financemi a podobně, tak namísto kvapného půstu, modliteb nebo celonočního bdění v modlitbách musíte nejprve podle pravdy přijít na to, co ucpalo kanál mezi vámi a Bohem, činit z toho pokání a odvrátit se od toho. Bůh potom bude působit pro vaše dobro, zatímco obdržíte vedení Duchem svatým. Pokud se ale nepokusíte ani porozumět Božímu slovu, ani ho poslouchat ani podle něj žít, vaše modlitba vám nepřinese Boží odpovědi.

Protože existuje mnoho příkladů, ve kterých lidé selhávají v tom zcela pochopit pravdu a nedostávají Boží odpovědi ani požehnání, všichni z nás musí naplnit touhy svého srdce tím, že si budeme jisti svým spasením a životem podle Boží vůle (Deuteronoium 28:1-14).

3. Za třetí, musíte se zalíbit Bohu svými skutky

Pokud někdo uzná Boha Stvořitele a přijme Ježíše Krista

jako svého Spasitele, tak do té míry, do jaké se dozví pravdu a stane se osvíceným, se jeho duši dobře daří. Kromě toho, zatímco pokračuje v objevování Božího srdce, může žít svůj život způsobem, jaký se líbí Bohu. Zatímco dvouletá nebo tříletá batolata neznají způsoby, jak se zalíbit svým rodičům, při svém dospívání a dospělosti se děti naučí, jak je potěšit. Ze stejného důvodu, čím více Boží děti chápou pravdu a žijí podle ní, tím více se mohou zalíbit svému Otci.

Znovu a znovu nám Bible říká o způsobech, jakými naši praotcové ve víře obdrželi odpovědi na své modlitby tím, že se zalíbili Bohu. Jak se Abraham zalíbil Bohu?

Abraham vždy usiloval o pokoj a svatost a žil v nich (Genesis 13:9), sloužil Bohu celým svým tělem, srdcem a myslí (Genesis 18:1-10) a zcela ho poslouchal bez zapojení svých vlastních myšlenek (Židům 11:19; Genesis 22:12), protože věřil, že Bůh může vzkřísit mrtvé. V důsledku toho Abraham obdržel požehnání „Jehovahjireh" (Bůh zaopatřuje), požehnání v podobě dětí, požehnání v podobě financí, požehnání dobrým zdravým a podobně, a vůbec požehnání v každém směru (Genesis 22:16-18, 24:1).

Co udělal Noe, že se mu dostalo Božího požehnání? Byl muž spravedlivý, bezúhonný ve svém pokolení a chodil s Bohem (Genesis 6:9). Když soud v podobě vody zatopil celý svět, pouze Noe a jeho rodina se dokázali tomuto soudu vyhnout a získat záchranu. Protože Noe chodil s Bohem, mohl věnovat pozornost

Božímu hlasu, připravit archu a dovést k záchraně i svou rodinu.

Když vdova ze Sarepty v 1 Královské 17:8-16 zasadila semínko víry v Božího služebníka Elijáše během tří a půl roku trvajícího sucha v Izraeli, dostalo se jí mimořádného požehnání. Protože poslechla s vírou a posloužila Elijášovi chlebem udělaným pouze z hrsti mouky ze džbánu a z trochy oleje z láhve, Bůh jí požehnal a naplnil své prorocké slovo, když řekl: *„Mouka ve džbánu neubude a olej v láhvi nedojde až do dne, kdy dá Hospodin zemi déšť"* (v. 14).

Protože žena v Šúnemu v 2 Královské 4:8-17 posloužila Elíšovi a starala se o něj s největší péčí a úctou, dostalo se jí požehnání v podobě narození syna. Žena sloužila Božímu služebníku ne proto, že chtěla něco na oplátku, ale protože horlivě milovala Boha z celého svého srdce. Nedává smysl, že se této ženě dostalo Božího požehnání?

Je také snadné říct, že Bůh musel být zcela potěšen vírou Daniela a jeho tří přátel. Třebaže byl Daniel vhozen do lví jámy za to, že se modlil k Bohu, vyšel z ní, aniž by byl zraněn, protože důvěřoval Bohu (Daniel 6:16-23). I když byli Danielovi tři přátelé svázáni a vhozeni do rozpálené pece za to, že neuctívali modlu, po vyjití z pece bez sežehnutí nebo popálení jediné části jejich těla vzdali Bohu slávu (Daniel 3:19-26).

Setník z 8. kapitoly Matouše se zalíbil Bohu svou velikou

vírou a podle své víry obdržel Boží odpověď. Když řekl Ježíši, že jeho služebník ochrnul a hrozně trpí, Ježíš mu nabídl, že navštíví jeho dům a jeho služebníka uzdraví. Avšak setník řekl Ježíši: *„Řekni jen slovo, a můj sluha bude uzdraven,"* (v. 8) a ukázal tím velikou víru a lásku ke svému služebníku, načež ho Ježíš pochválil: *„Tak velikou víru jsem v Izraeli nenalezl u nikoho"* (v. 10). Protože člověk dostává Boží odpovědi podle své víry, setníkův sluha byl v tu chvíli uzdraven. Haleluja!

A jsou tu další. V Markovi 5:25-34 vidíme víru ženy, která trpěla 12 let krvácením. Navzdory péči mnoha lékařů a vynaložených peněz se její stav stále zhoršoval. Když slyšela zprávy o Ježíši, žena uvěřila, že může být uzdravena, když se dotkne jen jeho šatu. Když se dostala za Ježíše a dotkla se jeho šatu, rázem byla uzdravena ze svého trápení.

Jaké srdce měl setník jménem Kornélius ve Skutcích 10:1-8 a jakým způsobem on, pohan, sloužil Bohu, že byla celá jeho rodina spasena? Vidíme, že Kornélius a celá rodina byli zbožní a báli se Boha a že Kornélius štědře rozdával těm, kdo byli v nouzi a pravidelně se modlil k Bohu. Proto se Korn éliovy modlitby a dary chudým dostaly jako pamětní oběti před Boha a když Petr navštívil jeho dům, aby uctívali Boha, každý z Korn éliovy rodiny dostal Ducha svatého a začal mluvit v jazycích.

Ve Skutcích 9:36-42 nalézáme ženu jménem Tabita (řecky Dorkas), která vždy konala mnoho dobrých skutků a pomáhala chudým, ale onemocněla a zemřela. Když přišel Petr na naléhavou prosbu učedníků, poklekl na kolena a pomodlil se, Tabita se vrátila zpět k životu.

Když Boží děti konají své povinnosti a zalíbí se svému Otci, živý Bůh naplní touhy jejich srdce a ve všem působí pro jejich dobro. Když dokážeme opravdově věřit v tuto skutečnost, budeme po celý svůj život vždy dostávat Boží odpovědi.

Skrze občasné konzultace nebo dialogy slyším o lidech, kteří měli kdysi velikou víru, sloužili Bohu ve své církvi a byli věrní, ale v období zkoušek a utrpení Boha opustili. Pokaždé si nedokážu pomoct a jsem zdrcený z neschopnosti lidí duchovně rozpoznávat.

Mají-li lidé opravdovou víru, nebudou opouštět Boha, i když jim do cesty přijde zkouška. Pokud mají duchovní víru, budou se radovat, budou vděční a modlit se i v dobách zkoušek a utrpení. Nezradí Boha, nebudou pokoušeni ani s ním nepřestanou chodit. Někdy mohou být lidé věrní v naději, že se jim dostane požehnání nebo aby byli uznáváni druhými. Ale modlitbu víry a modlitbu plnou nahodilých nadějí lze od sebe snadno rozlišit podle jejich příslušných výsledků. Jestliže se někdo modlí svou duchovní vírou, jeho modlitby budou s největší určitostí doprovázet skutky, které se líbí Bohu, a on vzdá Bohu velikou slávu naplněním tužeb svého srdce jednou po druhé.

S Biblí jako naším průvodcem jsme prozkoumali, jak naši praotcové ve víře projevovali svou víru v Boha a s jakým srdcem se mu dokázali zalíbit a naplnit touhy svého srdce. Protože Bůh žehná, jak zaslíbil, všichni ti, kdo se mu líbí – způsobem, jakým se mu zalíbila Tabita, která byla vrácena zpět k životu, způsobem, jakým se mu zalíbila bezdětná žena v Šúnemu, které požehnal synem a způsobem, jakým se mu zalíbila žena, kterou osvobodil od krvácení, kterým trpěla 12 let – věřme a upněme na něj své oči.

Bůh nám říká: „,,*Můžeš-li!*' *Všechno je možné tomu, kdo věří*" (Marek 9:23). Když věříme, že Bůh může ukončit jakýkoliv z našich problémů, zcela mu svěříme všechny problémy ohledně své víry, nemocí, dětí a financí a spoléháme na něho, jistě se o všechno toto pro nás postará (Žalm 37:5).

Kéž každý z vás tím, že se zalíbí Bohu, který nelže, ale uskuteční, o čem mluvil, naplní touhy svého srdce, vzdá velikou slávu Bohu a žije požehnaný život. Takto se modlím ve jménu našeho Pána Ježíše Krista!

O autorovi:
Dr. Jaerock Lee

Dr. Jaerock Lee se narodil v roce 1943 v Muanu, v provincii Jeonnam, v Korejské republice. Ve svých dvaceti letech trpěl Dr. Lee po dobu sedmi let rozmanitými nevyléčitelnými chorobami a očekával smrt bez jakékoliv naděje na uzdravení. Jednoho jarního dne v roce 1974 ho jeho sestra odvedla na církevní shromáždění, a když poklekl, aby se pomodlil, živý Bůh ho okamžitě uzdravil ze všech jeho nemocí.

Od chvíle, kdy se skrze tuto úžasnou zkušenost Dr. Lee setkal s živým Bohem, začal Boha upřímně milovat celým svým srdcem a v roce 1978 byl povolán k tomu, aby se stal Božím služebníkem. Vroucně se modlil a nesčetněkrát držel spolu s modlitbami půst, aby mohl jasně porozumět Boží vůli, cele ji vykonávat a být poslušný Božímu slovu. V roce 1982 založil v Soulu, v Jižní Koreji, církev Manmin Central Church, kde se koná nesčetné Boží dílo včetně nadpřirozených uzdravení, znamení a zázraků.

V roce 1986 byl Dr. Lee při výročním shromáždění církve Jesus' Sungkyul Church of Korea ustanoven pastorem a o čtyři roky později, v roce 1990, začala být jeho kázání vysílána prostřednictvím rozhlasových stanic the Far East Broadcasting Company, the Asia Broadcast Station a the Washington Christian Radio System v Austrálii, Rusku, na Filipínách a v mnoha dalších zemích.

O tři roky později, v roce 1993, byla církev Manmin Central Church vybrána časopisem *Christian World* (USA) mezi „50 nejpřednějších církví na světě" a Dr. Lee obdržel od fakulty Christian Faith College na Floridě čestný doktorát z teologie. V roce 1996 získal za svou službu od semináře Kingsway Theological Seminary v Iowě titul Ph. D.

Od roku 1993 převzal Dr. Lee vedení světové misie prostřednictvím mnoha zahraničních cest do amerických měst Los Angeles, Baltimoru a New Yorku, dále na Havaj, do Tanzánie, Argentiny, Ugandy, Japonska, Pákistánu, Keni, na Filipíny, do Hondurasu, Indie, Ruska, Německa, Peru, Demokratické republiky Kongo a do Izraele.

V roce 2002 byl většinou křesťanských novin v Koreji kvůli své mocné službě na rozmanitých zahraničních kampaních nazván „celosvětovým evangelistou." ‚Kampaň v New Yorku 2006', která se konala v Madison Square Garden, nejznámější hale na světě, se vysílala 220 národům a na ‚Sjednocené kampani v Izraeli 2009' pořádané v ICC (International Convention Center) v Jeruzalémě prohlašoval, že Ježíš Kristus je Mesiáš a Spasitel. Jeho kázání se vysílají přes satelit včetně GCN TV 176 národům a v žebříčku se podle populárního ruského křesťanského časopisu In Victory a nové zpravodajské agentury Christian Telegraph za svou mocnou službu v oblasti TV vysílání a za svou zahraniční církevní pastorační službu umístil jako jeden z 10 nejvlivnějších křesťanských vůdců roku 2009 a 2010.

K Dubna 2016 je církev Manmin Central Church kongregací s více než 120 000 členy. Má rovněž 10 000 poboček po celé zeměkouli včetně 56 domácích poboček a doposud vyslala více než 102 misionářů do 23 zemí včetně Spojených států, Ruska, Německa, Kanady, Japonska, Číny, Francie, Indie, Keni a mnoha dalších.

Ke dni vydání této knihy napsal Dr. Lee 104 knih včetně bestselerů *Ochutnání Věčného Života před Smrtí (Tasting Eternal Life before Death), Můj Život, Má Víra I & II (My Life My Faith I & II), Poselství Kříže (The Message of the Cross), Měřítko Víry (The Measure of Faith), Nebe I & II (Heaven I & II), Peklo (Hell)* a *Boží Moc (The Power of God)*. Jeho díla byla přeložena do více než 76 jazyků.

Jeho křesťanské sloupky se objevují v *The Hankook Ilbo, The JoongAng Daily, The Dong-A Ilbo, The Munhwa Ilbo, The Seoul Shinmun, The Hankyoreh Sinmun, The Korea Economic Daily, The Korea Herald, The Shisa News,* a v *The Christian Press*.

Dr. Lee je v současné době vedoucím mnoha misionářských organizací a asociací včetně: předseda The United Holiness Church of Jesus Christ; stálý prezident The World Christianity Revival Mission Association; zakladatel & předseda výboru Global Christian Network (GCN); zakladatel & předseda výboru World Christian Doctors Network (WCDN); a zakladatel & předseda výboru Manmin International Seminary (MIS).

Další mocné knihy od stejného autora

Nebe I & II

Podrobný náčrt úžasného životního prostředí, z kterého se budou těšit nebeští občané a krásný popis různých úrovní nebeských království.

Poselství Kříže

Mocné poselství vyzývající k probuzení všechny lidi, kteří duchovně spí! V této knize najdete skutečnou Boží lásku a důvod, proč je Ježíš jediným Spasitelem.

Peklo

Vážné poselství celému lidstvu od Boha, který si přeje, aby ani jedna duše nepropadla do hloubek pekla! Objevíte nikdy předtím nezjevený popis kruté reality dolního podsvětí a pekla.

Duch, Duše a Tělo I & II

Průvodce, který nám umožní duchovní porozumění duchu, duši a tělu a pomůže nám objevit, jaký druh ‚já' jsme si vytvořili, abychom pak mohli získat moc porazit temnotu a stát se člověkem ducha.

Měřítko Víry

Jaký nebeský příbytek, koruna a odměna jsou pro vás připraveny v nebi? Tato kniha vám poskytne moudrost a vedení, abyste dokázali změřit svou víru, co nejlépe ji tříbit a dozrát v ní.

Probuď se, Izraeli!

Proč Bůh od počátku tohoto světa až do dnešního dne upírá své oči právě na Izrael? Jakou prozíravost v posledních dnech připravil pro Izrael, který stále očekává Mesiáše?

Můj Život, Má Víra I & II

Nejvoňavější duchovní vůně vytažená z života, který vykvetl z nepřekonatelné Boží lásky uprostřed temných vln, chladného jha a nejhlubšího zoufalství.

Boží Moc

Četba, která slouží jako nepostradatelný průvodce, díky němuž můžete získat opravdovou víru a zažít úžasnou Boží moc.

www.urimbooks.com

www.ingramcontent.com/pod-product-compliance
Lightning Source LLC
LaVergne TN
LVHW092056060526
838201LV00047B/1412